Aclamación

«Stu Weber nos desafía a ser los hombres que Dios quiere que seamos. Por el bien de nuestras esposas, nuestros hijos y nuestra nación, espero que todo varón estadounidense lea este memorable libro y le preste atención a lo que dice».

DAN COATS
ANTIGUO SENADOR DE INDIANA, ESTADOS UNIDOS

El corazón de un guerrero les brinda esperanza a los hombres al desafiar sus suposiciones y darles forma a sus convicciones. Léalo. Devórelo. Y después, vívalo. Ha llegado la hora de que surjan los verdaderos hombres».

DENNIS RAINEY
DIRECTOR EJECUTIVO DE FAMILY LIFE Y COAUTOR DE
GROWING A SPIRITUALLY STRONG FAMILY

«Yo bebía Budweiser, fumaba Marlboros y perseguía a las mujeres... *El corazón de un guerrero* me envió a profundizar en mi corazón y mi alma. Cuando lo terminé, se lo pasé a un (triste) amigo, quien me lo debía devolver, pero se lo pasó a otro (más triste aun). Este libro transformó su vida. Derrumbó los muros que rodeaban su corazón. Su reacción: "La cosa más importante que me ha sucedido en la vida comenzó cuando usted me envió ese libro"».

UN LECTOR

Stu Weber

El Corazón de un Guerrero

Conviértase en un hombre con objetivos

Publicado por
Editorial Unilit
Miami, Fl. 33172
Derechos reservados

© 2003 Editorial Unilit (Spanish translation)
Primera edición 2003

© 2002 por Stu Weber
Originalmente publicado en inglés con el título:
　　　Heart of a Tender Warrior, The por
Multnomah Publishers, Inc.
204 W. Adams Avenue,
P. O. Box 1720
Sisters, Oregon 97759 USA

Todos los derechos de publicación con excepción del idioma inglés son contratados exclusivamente por
GLINT,
P. O. Box 4060,
Ontario, California 91761-1003, USA.

(All non-English rights are contracted through:
Gospel Literature International,
PO Box 4060,
Ontario, CA 91761-1003, USA.)

Ninguna parte de esta publicación podrá ser reproducida, procesada en algún sistema que la pueda reproducir, o transmitida en alguna forma o por algún medio electrónico, mecánico, fotocopia, cinta magnetofónica u otro excepto para breves citas en reseñas, sin el permiso previo de los editores.

Traducido al español por: Andrés Carrodeguas

Citas bíblicas tomadas de La Santa Biblia, revisión 1960 © Sociedades Bíblicas Unidas.
Usada con permiso.

Producto 497561
ISBN 0-7899-1062-4
Impreso en Colombia
Printed in Colombia

Dedicatoria

A Kevin Jones,
siempre guerrero,
competente hijo del trueno,
que descubrió un corazón amoroso
y nos mostró a todos cómo se enfrenta
al último gran enemigo del alma con valentía,
tenacidad y una sonrisa alentadora.

«Sorbida es la muerte en victoria.
¿Dónde está, oh muerte, tu aguijón?
¿Dónde, oh sepulcro, tu victoria?»

Para ponerse en contacto con Stu Weber,
le puede escribir a la siguiente dirección:
2229 E. Burnside, # 212
Gresham, Oregón 97080

CONTENIDO

1. Un llamado a despertar 9
2. El explorador 16
3. Poder para permanecer. 27
4. Debajo de la coraza 40
5. Bajo órdenes. 52
6. El combate contra la soledad 60
7. ¡Manténgase firme, papá! 69
8. Los verdaderos hombres se mantienen juntos . 84
9. El mayor de los guerreros tiernos 95
   Tómalo en serio 109
   Notas 112

Uno

Un llamado a despertar

¿CUÁNTAS VECES PUEDE oír un hombre que lo llaman para que despierte, sin despertar? Me imagino que hay hombres que nunca despiertan. A este hombre le faltó poco para no despertar tampoco.

Dos veces he sido llamado fuertemente a despertar en dos encrucijadas de mi vida. Ninguna de las dos se parecía al timbre de un reloj despertador. Ambas se parecían más al crujido que produce un madero de dos por cuatro pulgadas al golpear el cráneo.

La primera se produjo en medio del calor y el terror de Vietnam. Era el oficial de Inteligencia que servía al Quinto Grupo de Fuerzas Especiales. Entre mis responsabilidades se hallaba la de informar al «viejo», al coronel Mike «Hierro» Healy, sobre la situación del enemigo alrededor de los campamentos de nuestros Equipos-A, desde el Delta, en el sur, hasta la zona desmilitarizada, en el norte. Muy pocos capitanes jóvenes tenían acceso a todo el país, como lo tenía yo. Eran muy pocos los que podían utilizar un avión cuando lo necesitaran. Era una fuerte situación para un joven de veinticinco años procedente de Yakima, estado de Washington.

Mi llamado a despertar se produjo una primavera, en la ladera de una colina. Estábamos en Dak Pek, al extremo norte del valle de Dak Poko, en la región montañosa central. Me empujaron el rostro hasta las enlodadas orillas de una pequeña trinchera en el perímetro de un Campamento-A de las Fuerzas Especiales.

Había algo allí afuera. Algo grande. Y lo sabíamos. Todo lo indicaba. Habíamos estado recogiendo indicios durante días: un contacto «hostil» constante con nuestras patrullas, un aumento en el tráfico radial (solo los «importantes» tenían estas radios en el Ejército de Vietnam del Norte), y un aumento realmente radical en otros aspectos de inteligencia táctica en la zona. Hasta las «redes de agentes» informantes comenzaron a recibir un número anormal de pistas.

Era seguro que estaban allí afuera. Y nosotros éramos su blanco. Destruir un Campamento-A de las Fuerzas Especiales constituía un trofeo de primera para cualquier personaje importante del ejército norvietnamita.

En cierto sentido, la espera fue casi tan mala como hallarnos sometidos a un ataque. Solo saber que había allí afuera en el perímetro varias compañías de fuerzas de choque entrenadas norvietnamitas, esperando el momento exacto para salir del bosque gritando, convertía la vida en una pesadilla. Allí, en aquella enlodada zanja —turbado por los temores y las amenazas de un combate inminente— fue donde por fin me tocó. Por fin oí el llamado a despertar. En aquel momento, me enfrenté a la posibilidad muy cierta de que nunca regresaría a mi hogar. Que tal vez no pasaría la prueba. Que era muy posible que mi vida terminara en aquel lugar remoto. Que tal vez no fuera «otro» el que saliera de aquel valle en una bolsa para cadáveres y volara de regreso a casa en un ataúd plateado envuelto en una bandera.

Muy bien podría ser que muriera. En unas horas. Tal vez incluso en unos pocos minutos. Mientras luchaba con aquellos pensamientos, una ardiente pregunta se abrió paso hasta la superficie de mi mente. Después de arder en mi alma durante meses, la pregunta se convirtió de repente en una llama.

¿Qué es lo que importa? ¿Qué es lo que importa en realidad?

Si un joven capitán llamado Stuart K. Weber moría en el valle de Dak Poko, ¿qué habría logrado durante el cuarto de siglo que estuvo sobre la tierra? En fin de cuentas, ¿para qué se viene a la vida?

Llamado para que regresara a Nha Trang, salí en helicóptero de Dak Pek, perdiéndome lo peor de la batalla. Nuestro pequeño campamento fue virtualmente borrado de la faz del planeta. Al final, se levantó el sitio, y el ejército norvietnamita se alejó arrastrándose para lamer sus heridas. Los nuestros cargaron los heridos, recogieron a los muertos y comenzaron a edificar de nuevo el campamento. De alguna forma, y por alguna razón, se me había dado una oportunidad más de despertar y abrir los ojos.

Y esta vez, eso fue lo que hice. Comencé a repensar por completo mi vida. Volví de nuevo a mis deberes, pero nunca volví a ser el de antes. Las raíces espirituales de mi niñez, abandonadas hacía largo tiempo durante la perturbación social e intelectual de los años sesenta, comenzaron a tomar fuerza en mi corazón. La fe de mi padre y de mi abuelo empezó a echar sus raíces en lo más profundo de mi alma. Me di cuenta de que Jesucristo es exactamente quien Él proclama ser, y se volvió muy real para mí, de manera que mi vida cambió a partir de aquel día.

UN SEGUNDO LLAMADO A DESPERTAR

Si usted es casado, comprenderá mi segundo y transformador llamado a despertar. Si aún es soltero, le doy mi palabra: Fue un momento igualmente intenso que aquel primer llamado en la enlodada trinchera de Dak Pek. Este no cayó del cielo, como un mortero, pero sí salió «de la nada». En realidad, salió centelleando de los ojos de Linda. Por vez primera en nuestros quince años de matrimonio, vi ira en ellos. Una ira profunda y ardiente. Linda no es así, y eso lo hizo inconfundible.

Estaba totalmente claro: o había cambios en nuestra relación, o sería nuestra relación la que cambiaría. Las cosas nunca iban a ser como antes.

Comencé a darme cuenta de algunas cosas. Al parecer, había dado por segura nuestra relación. Al mirar al pasado, comprendí que la había estado tratando más como un trofeo (conquistado y puesto en un estante), que como una compañera. Más como un socio en un contrato, que como una amiga con la cual compartir mi vida interior. Las señales habían estado presentes, pero... yo no las había visto. Típico de los hombres.

¿Cómo nos habíamos metido en semejante cenagal? ¿Por qué en aquellos primeros tiempos nuestro matrimonio se parecía más a un combate que a una compañía mutua? Con el tiempo, descubrí que aquello tenía que ver con la *hombría...* o su ausencia. Por fin, la comprensión de cómo me había formado el Dios viviente como hombre, nos ha ido ayudando a crecer como pareja.

Y —tanto si usted está casado, como si no—, la hombría es el tema central de este librito. La masculinidad real, la hecha por Dios, la fundada en roca, es algo que los hombres de nuestra cultura luchan por comprender. ¿Rudos o tiernos, fuertes o sensibles, violentos o amistosos? ¿Cómo es? Estamos frustrados. Confundidos con frecuencia. Algunas veces nos irritamos. Pero estamos decididos. Decididos a descubrir nuestra hombría, y vivirla al máximo.

Tal vez usted haya pasado por un par de llamados a despertar en el transcurso de su vida. Ciertamente, el silbido de los morteros que caen o la furiosa mirada de los ojos de la única mujer que haya amado jamás, le pueden abrir los ojos a cualquier hombre.

Es probable que usted no necesite la clase de despertador que hizo falta para despertarme a mí del sueño. De hecho, hasta es posible que nuestro misericordioso Dios decida usar un librito como este para realizar algo muy grande en su vida, sin todos esos traumas.

Así que consideremos que estas líneas son su primer llamado a despertar...

Tómeselo en serio

A lo largo del camino, todos vamos a encontrarnos en situaciones que nos van a sacudir hasta el centro mismo de nuestro ser, y van a hacer que pensemos en las cuestiones críticas de la vida. ¿Por qué esperar a que las circunstancias nos aplasten? *Éste* es el momento para despertar y buscar la ayuda, sabiduría y orientación de Dios.

Dos

El explorador

SI USTED VIVÍA PEGADO al televisor como yo a fines de los años cincuenta y principios de los sesenta, tal vez recuerde una serie del oeste llamada *Wagon Train*. Siempre comenzaba con el corpulento y paternal Ward Bond montado en su caballo, oteando el horizonte con sus rasgos que parecían tallados por el viento. Echando una rápida mirada hacia atrás por encima del hombro, levantaba la mano derecha, cubierta con un guante de cuero, en un gesto adecuado, y gritaba: «Carretas, *ho-o!*»

Bond estaba perfecto en el papel de Seth Adams, el jefe de caravana brusco, pero de corazón tierno. Me encantaba la forma en que iba al frente de aquella gran caravana de carretas que iba atravesando las amplias llanuras.

Pero el que yo quería ver en realidad, venía galopando después. Vestido con ropas de cuero y con un sombrero negro de ala ancha, se acercaba al jefe de la caravana hasta cabalgar a su lado, en medio de las carretas. Mientras se seguía oyendo el tema musical, la pantalla en blanco y negro se llenaba con la imagen de Robert Horton, con sus miembros flexibles, su barbilla dividida y su cabello negro, en el papel de Flint McCullough.

El explorador. Esas eran las botas de vaquero que yo quería ponerme. Ese era el trabajo que quería. Era Flint McCullough quien siempre cabalgaba varios kilómetros por delante de la larga y lenta caravana. Flint McCullough, los ojos y oídos siempre vigilantes de la caravana de carretas... investigando por delante, estudiando el camino, buscando indios, explorando en busca de agua, escudriñando el rielante horizonte con unos ojos jóvenes que los kilómetros que había cabalgado y las cosas que habían visto habían convertido en viejos y sabios. Era el primero en oler el peligro, esquivar las flechas, oír el sordo tronar de rebaños distantes de búfalos y sentir las tormentas distantes que se acercaban con el viento de la pradera. Tenía la responsabilidad de detectar los posibles peligros, discernir los enemigos emboscados y escoger el camino mejor y más seguro para la caravana.

Desde sus carretas, los inmigrantes no podían ver todos los peligros que tenían por delante. No se podían imaginar lo que les amenazaba al otro lado de las colinas. No sabían dónde hallar agua para sus barriles, ni hierba para sus animales. Tenían que confiar en el Explorador.

Siempre es la imagen de Flint McCullough la que me viene a la mente cuando pienso en el papel de un hombre dentro del mundo actual. Se centra por completo en la palabra *provisión*. Ahora bien, esto no tendría mucho sentido si sólo pensáramos en la definición tradicional del *proveedor*. En nuestra cultura, cuando pensamos en las *provisión*, pensamos en la comida en la mesa y el techo sobre nuestra cabeza. En realidad, lo más importante en la *provisión* es la *visión*. El prefijo *pro* que tiene la palabra indica «antes» o «por adelantado». Obviamente, la *visión* habla de mirar, de ver.

¿Qué resultado da esa fórmula? Mirar adelante. Dar orientación. Anticiparse a las necesidades. Definir el punto de destino. Cabalgar delante de la carreta en nuestro deber de exploradores.

¿Qué hace a un hombre? Por encima de todo, la *visión*. La visión de algo más grande que él mismo. La visión de algo que hay por delante. La visión de un lugar donde ir o una causa que servir. Ya se trate de una colina que subir, una montaña que conquistar, un continente que cruzar o un sueño que brilla con luz tenue en el horizonte. Llámelo como quiera, pero en su corazón, se trata de una visión. El hombre debe visualizar antes de tiempo. Proyectar. Pensar para el futuro. Levantar los ojos y trazar el curso que hay por delante. Hacer preguntas orientadoras. Tener una imagen del futuro. Anticiparse a lo que puedan traer consigo los meses y los años. Esa es la esencia misma de su liderazgo. Ese es el «rey» que hay en todo hombre... siempre mirando adelante, vigilando a favor de los suyos, proporcionando dirección y orden.

La provisión para las necesidades físicas de una familia es en realidad el deber más fácil del proveedor. Un poco de alimento, un poco de refugio, y ha logrado la provisión física. Pero esa no es la provisión *real*. Pensar que la suma de comida, ropa y techo equivale a provisión es lo mismo que confundir la relación sexual con el amor. Sí, es una parte más bien significativa dentro de la historia, pero no es el libro entero.

Los hombres ponemos fuera de sitio nuestra visión con gran frecuencia. Nos centramos como miopes en casas, autos, portafolios con acciones y cuentas de banco, y nos dedicamos a acumular «cosas». Nos imaginamos que encontramos categoría social y seguridad en esas cosas cuando, en realidad, no hay posición ni seguridad alguna si no hay relaciones. Nos decimos: «Si tengo un plan financiero, he podido ahorrar dinero para los estudios de mis hijos y tengo un buen seguro de vida, soy un buen proveedor». Nos volcamos a las cosas que podemos ver cuando, en realidad, en el mundo *invisible*, el mundo del espíritu, el de las relaciones, es donde debemos poner nuestro mayor esfuerzo como proveedores. Las cosas del carácter —el corazón, el espíritu, la integridad, la justicia, la humildad— van a perdurar cuando todo lo demás se haya convertido en polvo. Estos rasgos del carácter son los que definen al hombre, y no dejan un monumento, sino un legado.

¡Qué grado de seguridad tan grande trae ese tipo de liderazgo masculino a una unidad militar, a una organización, a una familia o a una iglesia!

EL HOMBRE DE LA ESCENA

Una de las impresiones más fuertes que tuve en mi niñez en la zona central del estado de Washington, fue causada por la presencia de un hombre que siempre parecía saber dónde iba: el pastor O.H. Williams. Gracias a que él sabía por qué estaba allí, y cuál era su misión, yo me sentía envuelto por una sensación de seguridad cada vez que entraba por las puertas de nuestra iglesia. Si él estaba allí, todo iba a salir bien. Los reinos podrían levantarse o caer... eso no era problema. Aunque un meteoro atravesara el techo de la iglesia el domingo por la mañana, y se formara un caos total, él sabría con exactitud lo que habría que hacer. Siempre parecía ser capaz de mirar al futuro y saber lo que nos sucedería. Y cuando llegaba el momento de actuar sobre algo, siempre sabíamos que el pastor Williams iría al frente, instruyéndonos y alentándonos con su voz cálida, firme y competente.

Cada vez que se iba de vacaciones, una vaga intranquilidad invadía a los miembros. La gente se sentía como asustada. Inquieta. Llevando mal el paso. Pero cuando O. H. volvía a la plataforma, se sentía un alivio palpable que inundaba todo el edificio. Nos podríamos enfrentar a lo que fuera con una tranquila certeza. El hombre había regresado.

Son demasiados los hombres casados que destruyen ese respeto y ese liderazgo y después se preguntan por qué pierden a su familia. Es esa parte negativa tan frecuente en las definiciones superficiales de lo que es el «éxito». No deje que nadie lo engañe: *no hay nada que compense el fracaso de una familia*. En el corazón mismo de los propósitos de un hombre verdadero está la salud de su familia. Si usted tiene una familia, *ése es su trabajo*. Usted es el Explorador. Usted es quien fija la visión.

La esposa también tiene una visión maravillosa, y puede escudriñar el horizonte como el mejor, si necesita hacerlo. Pero el Creador, en su sabiduría, la ha equipado de forma exclusiva para que vea las cosas *de cerca*, los detalles que hacen de la carreta un refugio seguro y cómodo.

Los hijos podrán ser brillantes e inteligentes, pero están en un territorio que es nuevo para ellos. Están en terreno extraño. No tienen idea de aquello con lo que se van a enfrentar detrás de la próxima colina. Corretean, juegan y alborotan junto a la carreta mientras esta sigue adelante, sin pensar en peligros mortales ni en enemigos crueles.

Todos ellos tienen la mirada puesta en usted, el Explorador. Confían en que sea usted quien fije el rumbo, decida la dirección, marque el paso. Buscan en usted una advertencia previa sobre las tormentas, inundaciones repentinas, desfiladeros, ciénagas sin fondo y valles sin agua que haya por delante.

La medida de un hombre casado es la salud espiritual y emocional de su familia. El verdadero proveedor tiene la visión de un matrimonio con profundos lazos, unos hijos con un carácter tan fuerte como un árbol, y unas hijas seguras y llenas de una profunda belleza interior. Sin esa visión y ese liderazgo, la familia lucha, camina a tientas y puede perder el camino.

¿Qué hace uno cuando está perdido en un bosque? Se sube a un árbol. ¿Sabe? Allá arriba *hay* aire fresco. Hay una dirección, una sabiduría y unos hitos orientadores que nunca cambian. El hombre *puede* conseguir la perspectiva que necesita para entrar en un papel de líder... si está dispuesto a humillarse y pedírselo al Señor Dios. Medite en este consejo de Santiago: «Y si alguno de vosotros tiene falta de sabiduría, pídala a Dios, el cual da a todos abundantemente y sin reproche, y le será dada» (Santiago 1:5).

Varón, si se da cuenta de que usted o su familia se hallan perdidos en medio del bosque, tal vez sea hora de que se suba a un árbol. Tal vez sea hora de que se coloque por encima de las ramas y las hojas, respire el aire fresco y escudriñe las oscuras colinas que se ven a la distancia. El proveedor debe conocer la diferencia entre el bosque y los árboles. Necesita subir a las alturas de vez en cuando para contemplar el horizonte con la ayuda de Dios.

No se trata de que los hombres tengan hipermetropía y las mujeres miopía por una cuestión de genética. Esto tiene más que ver con la tendencia que Dios ha puesto en el hombre de mirar arriba y a la distancia para discernir los objetos que apenas se vislumbran a lo lejos, y la tendencia de la mujer a leer la letra menuda en las relaciones. Sencillamente, la mujer lee mejor. Enfoca mejor a la gente y las situaciones que tiene cerca. Puede leer de inmediato lo que está pasando en el espíritu, en el tono de la voz, en una expresión facial pasajera. Por eso es tan frecuente que tire del hombre. Este se va tan lejos en su papel de «proveedor», que no es capaz de ver las cosas que tiene frente a la nariz. La mujer insiste más en los detalles y la seguridad.

Los proveedores necesitan usar la capacidad que les ha dado Dios para ver a distancia, a fin de animar a su familia, dándole esperanza y seguridad. Cuando no pueden o no quieren, la gente que vive bajo su techo sufre pérdidas.

¿Cómo son las cosas en su casa? ¿Comparte su familia la visión de una meta del tamaño de una montaña a la distancia, centelleando y brillando por encima de la neblina de las desilusiones y las presiones diarias? ¿Rueda su carreta hacia un lozano y verde valle al otro lado del mañana? ¿Tiene su visión la amplitud y la altura suficientes para mantener rodando las viejas ruedas a lo largo de las llanuras polvorientas y a veces monótonas de esta aventura llamada vida?

Pensándolo bien, usted no tiene demasiado tiempo para acceder a su alto llamado como jefe de caravana y explorador. El camino que hoy parece tan largo, pronto será solo un recuerdo. Pero hay tiempo suficiente. Suficiente para dar ese primer paso. Suficiente para ir atravesando las cuestiones periféricas y las preocupaciones que desgastan la vida, y cabalgar por delante de la familia que Dios le ha dado. ¿Listo para ensillar? Entonces, apriete el cinturón y sigamos adelante. «Carretas, *ho-o!*»

Tómeselo en serio

Dios espera del varón que sea el proveedor, en el sentido más completo de la palabra... Un líder con los ojos fijos en el horizonte, anticipándose a los peligros, olfateando en el viento la esperanza e inspirando a sus seres amados a seguirle.

Tres

Poder para permanecer

RECUERDO AÚN LA PRIMERA vez que pasé un buen tiempo fuera de mi hogar. Fue mi primer año en el colegio universitario. Como nunca antes había estado al este de Idaho, ahora me enfrentaba a todo un semestre en una tierra extraña llamada Illinois. Lo mismo habría podido estar en la Siberia. O en Marte.

Era un jovencito acostumbrado a las montañas del Oeste de los Estados Unidos, de manera que me parecía que Illinois no tenía horizonte. Aquellas tierras grises y llanas, y los días tan monótonos, parecían arrastrarse hasta la eternidad. No había nada que quisiera más, que regresar a casa. Lo soñaba. Lo anhelaba. Inventaba mil razones válidas para dejar los estudios y salir con rumbo al Oeste. Pero por razones que entonces ni siquiera podía expresar, me quedé allí.

Al final, después de meses de una paralizadora resistencia, volví a mi tierra. Cuando salí del tren, mi padre salió de entre la gente para darme la mano. Nunca olvidaré lo que me dijo: «Hijo, tú tienes algo que nadie te va a poder quitar. Lo tienes dentro. Resististe. Haz crecido».

Tenía razón. La gente, los sucesos, las maquinaciones, los desastres y las catástrofes nos pueden quitar las cosas. Las del exterior. Pero nadie nos podrá quitar jamás lo que tenemos dentro: corazón, alma, carácter. El hombre los puede desechar, pero nadie se los puede quitar.

Estoy hablando de algo que es más largo y fuerte que la paciencia. Resplandecer a través de las tinieblas de las pruebas y los apuros, y de todas las circunstancias difíciles imaginables, es lo que yo considero la mayor fortaleza del hombre. Su atributo más elevado. Lo llamo *poder para permanecer*.

¿QUÉ ES EL PODER PARA PERMANECER?

En una carta dirigida a unos cristianos esparcidos y en pleno sufrimiento, Santiago califica de *paciencia*.

> Hermanos míos, tened por sumo gozo cuando os halléis en diversas pruebas, sabiendo que la prueba de vuestra fe produce paciencia. Mas tenga la paciencia su obra completa, para que seáis perfectos y cabales, sin que os falte cosa alguna. (Santiago 1:2-4)

Una traducción literal traduciría esto con las palabras *mantenerse debajo*. Quedarse. Perseverar. Agarrarse fuerte. Mantenerse firme. Eso hace un hombre. Eso es un hombre.

Es probable que el equivalente militar a este *mantenerse debajo* encuentre su manifestación máxima en una institución llamada «escuela militar de comandos». Siendo un joven oficial militar, me exigieron que soportara un entrenamiento increíblemente riguroso antes de pasar al sureste de Asia. En medio de mis recorridos por Vietnam, me preguntaba con frecuencia: *¿Cómo podría nadie sobrevivir a esto, si no hubiera pasado por la escuela de comandos?* Aquel entrenamiento tenía como propósito único ayudarnos a superar nuestros temores más básicos, para que pudiéramos funcionar, cualesquiera que fueran las presiones o las circunstancias con las que nos enfrentáramos en el cumplimiento futuro de nuestros deberes. El estrés físico, mental y emocional bajo el cual nos pusieron, es imposible de describir.

Mientras escribo estas palabras, me imagino nuestra pequeña compañía a las cuatro y media de la mañana —lo que llamábamos los militares «las oscuras cuatro»—, arrastrándonos debajo de troncos y a través de trincheras enlodadas y llenas de agua. Al final de la tarde estaríamos tambaleantes de agotamiento y con los pies sangrantes después de unas marchas forzadas de un sinfín de kilómetros. Y entonces, cuando pensábamos ya que nos íbamos a morir, algún oficial nos gritaba a la cara: «¡Siga caminando, comando, *siga caminando*!»

A través de todo aquello, comenzamos a descubrir algunas cosas acerca de los límites de la mente y el cuerpo de un hombre. *Podíamos* pasar sin comida, funcionar sin dormir y seguir así día tras día, más allá incluso de los límites de nuestras fuerzas. Todo aquello nos demostraba que podíamos hacer lo que teníamos que hacer.

El patriarca Job habría hecho un buen papel en la escuela de comandos. ¡Qué poder tan fuerte para permanecer tenía aquel hombre! Piénselo. Era un hombre cuya masculinidad no se apoyaba en lo que tenía, ni en el tamaño de su casa, la cantidad de sus inversiones, lo que él pudiera lograr, la gente que conociera, el tipo de asno en el que montara, o su posición social dentro de la comunidad.

Job demostró quién era, sin necesidad de condecoraciones, tributos, trofeos y elogios en los periódicos. Después de ser despojado de todo aquello que había tenido valor para él —hijos, nietos, rebaños, ganado, riquezas, siervos, reputación y salud— levantó el rostro lleno de lágrimas a las estrellas y proclamó:

> «Desnudo salí del vientre de mi madre, y desnudo volveré allá.
> Jehová dio, y Jehová quitó; sea el nombre de Jehová bendito». (Job 1:21)

Para Job, la fuente de su masculinidad y de su personalidad estaba en lo que él era, solo y desnudo ante Dios. Y eso es lo que hace de uno un hombre.

Job tenía una especie de sentido de permanencia. Era fuerte, estable, seguro; constante todo el tiempo. Lo que uno veía, era todo lo que había, tanto si tenía consigo las manifestaciones visibles de la bendición divina, como si no. En enfermedad y en salud, en los buenos tiempos y en los malos, en riqueza y en pobreza, *Job permaneció* . Se parece a los votos matrimoniales, ¿no es cierto? Por una buena razón. Verá. El pacto matrimonial y el espíritu de estas palabras se hallan en el centro mismo de la virilidad de un hombre. La fuerza mayor que tiene un hombre es su capacidad para permanecer, pase lo que pase. Hacer promesas y cumplirlas. La palabra de un hombre lo conecta... y lo hace permanecer.

En un cierto momento, este patriarca de la antigüedad asegura: «He aquí, aunque él me matare, en él esperaré» (Job 13:15). Mientras recibe sobre sí los feroces vientos del infierno, se niega a apartarse de su compromiso. Y eso es la masculinidad, pura y sin adulterar.

PERO LOS HOMBRES NO ESTÁN PERMANECIENDO

Este poder para permanecer es el que hace y marca a un hombre. No es el que sepa subir escaleras. O que se aferre a algo para divertirse. O que se agite continuamente. O que cause impresión. Por supuesto, no es el que deje a su esposa, abandone a su familia o desaparezca en una neblina de pasividad. Los hombres verdaderos de hoy son una raza en proceso de extinción, y eso está matando nuestra cultura.

Hoy en día, más de la tercera parte de los niños estadounidenses viven lejos de su padre natural. Más de quince millones de niños se están criando en un hogar donde no hay un padre. El setenta por ciento de los hombres que están en prisión se criaron sin un padre.

Muchas veces, cuando leo estadísticas como estas, me vienen a la mente los nombres de hombres que he conocido personalmente. Algunos de esos nombres y rostros han formado parte de la iglesia que pastoreo. Pero ya han desaparecido. Se han alejado de su esposa, sus hijos, su hogar y su iglesia. Confieso que sus nombres me traen una cierta medida de falta de respeto a la mente. Sé que estaban sufriendo. Sé que había presiones. Sé que no era fácil. Sé que «toda historia tiene dos versiones». Pero el común denominador es que cortaron con todo y salieron corriendo. No se quedaron. No guardaron su palabra. Es evidente que aquello de

«Hasta que la muerte nos separe» solo era para ellos una línea en las películas de Hollywood. Querían ser hombres fuertes y viriles. Pero cuando salieron huyendo, ¡cuánta fortaleza perdieron!

Andaban buscando la virilidad, y al pensar que la podrían hallar en alguna otra parte, la perdieron. Pero sigue estando delante de ellos, como un cruel espejismo que nunca van a alcanzar. Para ellos no se trataba de «las mujeres y los niños primero», sino de un *yo primero*. Esas son cosas de niño pequeño; no de hombre. En su frenética búsqueda de la «felicidad», perdieron su hombría, y tal ven nunca la vuelvan a recuperar.

EL PODER DE UNA PROMESA

La capacidad para hacer y cumplir promesas es central en la hombría. Será trillado decir que la palabra de un hombre lo obliga, pero nunca tiene nada de trillado ver esto en acción. Es ver a un hombre en sus mejores momentos: dando su palabra y cumpliéndola, haciendo una promesa y guardándola. Todos los hombres tienen el llamado de ofrecerle estabilidad a un mundo lleno de caos. La constancia a un mundo fluctuante. La seguridad a un lugar inseguro.

Vivimos en un mundo de «así lo espero». En esta vida son pocas las certezas. Nuestro mundo está lleno de sueños, esperanzas y anhelos. «Esperamos» que llegue nuestro barco. «Esperamos» que nuestro matrimonio funcione... que hallemos realización... que nuestros hijos nos salgan buenos... que podamos mantener un trabajo decente.

Nos encantaría convertir nuestra esperanza en certeza. Y podemos, en las cosas realmente importantes. Las de dentro. El hombre verdadero le trae certeza a su mundo con el poder de una promesa.

En el centro mismo de la piedad se halla el hacer y cumplir promesas. En el corazón de Dios —en el centro mismo de su naturaleza— se halla también este hacer y cumplir promesas. Todas las Escrituras giran alrededor de una promesa; de una serie de pactos. Una promesa hecha por un hombre es algo que tiene un asombroso poder. Lewis Smedes lo expresa bien: «Cuando un hombre hace una promesa, crea una isla de certeza en medio de un agitado mar de incertidumbre... Cuando usted hace una promesa, está creando un pequeño refugio de confianza dentro de la selva de lo impredecible».[1]

Cuando mi abuelo paterno me solía decir: «Tú eres un Weber», y sabía con exactitud lo que significaba aquello. Significaba que debía decir la verdad y cumplir mi palabra. Aunque yo era muy pequeño cuando él me decía estas palabras, su eco ha seguido en mi corazón durante toda mi vida. He querido estar a la altura del hecho de ser un Weber... lo cual significaba: *Cumple siempre, siempre, tu palabra. Si pierdes esto, te habrás perdido a ti mismo.*

Linda y yo nos casamos hace más de treinta y cinco años, y no teníamos idea alguna de lo que esos años traerían consigo. ¿Cómo nos habríamos podido imaginar lo que soplaría en nuestra vida con los vientos de los años? La guerra de Vietnam y una dolorosa separación. Las presiones económicas. Un aborto. El estrés del ministerio. El dolor de las críticas. El peso de las responsabilidades. Y más. Aquella soleada tarde en que estuvimos de pie ante el altar, no nos habríamos podido imaginar ni la décima parte de todo lo que ha pasado.

Pero no lo necesitábamos. Hicimos una promesa. Recitamos unos votos. Del mundo entero, nos escogimos el uno al otro. Y el poder de esa selección y esa promesa es el que nos ha mantenido. No hay duda alguna en la mente de ninguno de los dos, de que pudimos haber hallado un «compañero mejor». ¿Lo sorprende? No lo debería sorprender. Siempre hay alguien mejor que usted en el mundo. Siempre habrá alguien más hermoso, inteligente, rico, ingenioso, competente, sensible o sensual. Pero eso no nos preocupa a Linda y a mí. El veneno de las comparaciones ha quedado totalmente neutralizado y eliminado gracias al sagrado antídoto de una promesa.

Eso es poder para permanecer.

¿El resumen de todo? Siga fiel, hombre. Manténgase firme en sus compromisos. Sea fiel a sus promesas. No suelte, pase lo que pase. Cuando el trabajo le esté aplastando el espíritu... *no deje que lo venza.* Cuando la iglesia local esté inundada de insignificancias... *permanezca fiel.* Cuando el matrimonio no tenga nada de divertido... *permanezca fiel.* Cuando no sepa qué hacer con sus hijos... *permanezca fiel.* Cuando sus hijos lo dejen mal parado... *levántelos.* Cuando su esposa tenga unos cambios de humor que le duren seis meses... *sopórtelos.* Cuando sean las cuatro y catorce y ya no quede tiempo... *tómelo con calma.*

Comprenda que el núcleo del poder para permanecer es el *sacrificio* : ese darse uno mismo por el bien de otro. Si queremos ver el ejemplo máximo del poder para permanecer, solo tenemos que fijar los ojos en el Señor Jesucristo. Cuando pudo haberse apartado de la cruz, siguió su curso, endureciendo el rostro, hasta llegar al Calvario. Cuando pudo haber bajado de la cruz y evitado el sufrimiento, se quedó en ella. Cuando pudo haber convocado ejércitos de ángeles que lo liberaran, y pedido golpes aéreos divinos contra sus adversarios, allí se quedó. Perseveró y «se quedó debajo» todo el tiempo, hasta que llegó el momento en que pudo gritar con fuerza: «¡Consumado es!»

Y, ¿para qué lo hizo? Para que por medio de su poder de resurrección en nuestra vida, usted y yo nos pudiéramos convertir en el tipo de hombres que Él nos había llamado a ser. Ahora podemos mantenernos firmes y enfrentarnos a cuanto nos quieran tirar encima la vida, la muerte o el infierno... porque Él lo hizo antes que nosotros. No solo es modelo del poder para permanecer, sino que se lo proporciona a quien se lo pida. No solo nos muestra cómo es el más hombre de los hombres, sino que se enrolla las mangas y nos ayuda a lograrlo.

Por eso, los hombres de verdad no huyen. Los hombres de verdad permanecen, y permanecen, y permanecen. Como Job. Como Jesús.

Tómeselo en serio

La verdadera medida de un hombre no está en su poder físico, la habilidad de sus manos, la agudeza de su ingenio, o su capacidad para amontonar posesiones. Lo cierto es que el valor de la masculinidad donde se ve mejor es en su disposición a hacer y cumplir promesas, aunque todo el infierno se le oponga.

Cuatro

Debajo de la coraza

IMAGÍNESE A JOHN WAYNE cambiándole los pañales a un bebé. O a Clint Eastwood «arrullando» a un pequeñuelo. *Se lo tiene* que imaginar, porque es probable que nunca lo haya visto en la pantalla. Como comprenderá, no parece una imagen correcta. El personaje duro del celuloide es un hombre recio. Desdeñoso con los sentimientos. De una sola dimensión. Y tan falso como un personaje metido en un disfraz barato de gorila. Los señores de Hollywood nunca reconocerían a un guerrero tierno, si lo vieran. Se equivocan todo el tiempo.

Debajo de la coraza del guerrero late un tierno centro. Todo hombre tiene su lado de ternura. El lado que conecta con otro ser humano. La sed de relaciones. El anhelo de tocar y ser tocado. De abrazar. De enlazarse. De estar *con* alguien.

Hagamos un contraste entre el John Wayne de la Ciudad de Oropel («Nunca pida disculpas, señor. Eso es señal de debilidad».) con un héroe de la vida real, como el General Norman Schwarzkopf. Poco después de la Guerra del Golfo y de la deslumbradora victoria sobre Irak, el comandante vencedor de la Tormenta en el Desierto apareció en la televisión nacional en una entrevista con Bárbara Walters. En el transcurso de su conversación acerca de la guerra, hubo algo que conmovió a este hombre tan corpulento. Todos vimos con fascinación que los ojos de este soldado de carrera con cuatro estrellas en el hombro se aguaron. Las lágrimas pugnaron por salir.

La señorita Walters, con una estudiada franqueza, le dijo: «Pero, general, ¿no tiene usted miedo de llorar?»

«Norman Tormenta» le respondió sin vacilar: «No, Bárbara. ¡Al que le tengo miedo es a un hombre que *no quiera* llorar!»

Bárbara obtuvo más de lo que esperaba, desde el otro lado de su micrófono. Estados Unidos estaba presenciando los latidos distintivos del corazón de un guerrero tierno. Yo lo seguiría con gusto hasta los callejones de Bagdad o las cuevas de Afganistán. ¿No lo seguiría usted?

Los hombres de verdad anhelan conexión, contacto, y una expresión genuina de los sentimientos.

Lo vemos todos los domingos durante la temporada de fútbol. Allí está, en unos hombres que se hallan entre los más grandes, fuertes y competitivos del mundo. No se rechaza el impulso interior a tocar y conectarse. ¿Qué es lo primero que hacen cuando una gran ofensiva termina en una anotación?

Buscan alguien a quien tocar. Claro, tal vez sea un alegre choque de cabezas, un golpe de sus grandes puños, o un encuentro de manos, pero en realidad, se trata de abrazos disfrazados. Estos inmensos grandulones del campo de fútbol ansían tener una conexión. *Lo hicimos juntos. Me caes bien. Te caigo bien. Somos compañeros de equipo. Vamos juntos. Vamos a tocarnos... aunque solo sea un poco, y un solo segundo.*

Es el lado de ternura, tratando de resplandecer a través del guerrero. Pero solo suele ser un arrebato de un instante. Nuestras falsas imágenes sobre la hombría lo van a tratar de eliminar enseguida.

No entienda mal lo que le digo. Hay todo un mundo de diferencia entre ser *tierno* y ser *blando*. De ninguna manera estoy abogando a favor de lo que Robert Bly llama «el hombre suave» de los años setenta. Queremos guerreros tiernos... no «hombres suaves». El diccionario distingue claramente los términos. *Tierno* viene del latín *tener*, que significa «lo que se estira o extiende». La palabra en sí misma es definida como «expresión de sentimientos de amor, compasión, bondad; afectuoso, como en 'un cuidado tierno'; considerado, cuidadoso».

En contraste con esto, cuando se usa la palabra *suave* para describir a alguien, significa «delicado, afeminado, que cede con facilidad a las presiones físicas; sin resistencia a los moldes, el roce o el uso; sin adiestramiento para las situaciones difíciles».

La sensibilidad masculina nunca se podrá equiparar a su contrapartida femenina, y nunca *deberá* hacerlo. El hombre promedio nunca será tan sensible como la mujer promedio. Ni lo intente. Solo acéptelo. Acepte las sensibilidades altamente desarrolladas y delicadamente aguzadas de su dama. Esta diferencia forma parte del complemento planificado por el Creador. Así que no se pase. Pero suéltese... hay un largo camino entre el macho duro y el suave. Quédese más o menos en el medio.

CONMOVIDO POR UN GUERRERO TIERNO

Recuerdo a un maravilloso guerrero de mi pasado, el coronel DeWitt C. Smith. Tenía el mando de una de las unidades militares más poderosas que uno se pueda imaginar: una brigada armada de cinco mil hombres. Un batallón de tanques, dos batallones mecanizados de infantería, un batallón de artillería y el Tercer Escuadrón del Duodécimo Cuerpo de Caballería. Se conocía a sí mismo lo suficiente como para no dejarse intimidar por ninguna «imagen»; tanto la suya como la de otra persona. Era apuesto y elocuente. Un poderoso líder y un gran soldado.

Su Segunda Brigada de la Tercera División Armada se hallaba estacionada en el desfiladero de Fulda en el punto más álgido de la Guerra Fría. Las unidades blindadas soviéticas, situadas al este, constituían un formidable oponente. Aquello era muy serio.

El coronel Smith se entregó por completo a su tarea. Se tomó en serio su misión, y todos los hombres de la brigada lo sabían. No hay que jugar con el coronel. Tampoco con la misión. No hay que echar a perder las cosas, y eso es todo. Hacer las cosas bien.

Pero no era solo su misión la que tomaba en serio el coronel. También tomaba en serio a sus soldados. Les tenía afecto. En realidad, los quería. Yo estaba entre ellos, y sentí ese afecto. También lo sintió mi esposa. El tierno corazón de aquel guerrero nos conmovió de una forma profunda e inolvidable.

Linda estaba encinta. Nuestro primer hijo. Este teniente segundo casi lampiño y su esposa iban a tener un bebé. Estábamos emocionados. Impacientes. Yo caminaba más recto. Linda sonreía más. ¡La vida era una bendición! Los planes estaban hechos, y el cuarto del bebé estaba tomando forma. Era un tiempo grandioso.

Entonces sucedió. Yo estaba en el campo con la brigada haciendo maniobras. Linda estaba sola, a dieciséis mil kilómetros de casa, madre y amigos. Comenzó a sangrar. Entonces tuvo un aborto... y el mundo de mi joven esposa comenzó a dar vueltas como un trompo loco, fuera de control. La esposa de otro oficial con más experiencia en «comunicación militar» se las arregló para hacer llegar el mensaje hasta la brigada en maniobras, dedicada a su seria labor.

El coronel Smith, mi comandante, me llamó a su centro de operaciones. Me recibió con una ternura superior a cuanto había observado jamás en él. (¿No es curioso cómo los menos maduros se sienten obligados a fingirse «duros», mientras que los verdaderamente maduros actúan con delicadeza?)

En voz baja, mirándome fijamente a los ojos, mi comandante comenzó a describir lo que les había sucedido a Linda y a nuestro bebé. Me dijo que le había dolido, pero más que por la pérdida física, me dijo que le había dolido interiormente, en el centro de su alma femenina. Con una comprensión mayor aun, me habló del corazón de ella, y de lo que él pensaba que estaba experimentando en su alma. A este joven soldado, esposo de poco tiempo y hombre de menos experiencia, le dijo lo que mi esposa estaría necesitando en las horas y los días siguientes.

«Teniente», me dijo, «su dama lo necesita a usted ahora mismo, mucho más que esta brigada. En su corazón, es probable que se esté preguntando si ha fallado de alguna forma. Si lo ha dejado mal parado a usted. O si se ha fallado a sí misma. O si le ha fallado a su bebé».

«Váyase con ella», me dijo, «Tómese varios días de permiso. Quédese con ella. Háblele. Tranquilícela. Ámela».

Me preguntó si lo había entendido. «Sí, señor», le dije. «Gracias, señor».

Hice el saludo militar y me di media vuelta para irme. Él me detuvo. Con una sonrisa y un guiño, me dijo: «Teniente, dígale que el mundo no se ha acabado. Dígale que mi esposa y yo [que tenían una familia más grande y saludable de lo corriente, envidiada por muchos] hemos sufrido con varios de estos abortos naturales. Ustedes pueden salir adelante. Su futuro sigue siendo muy brillante. No lo olvide».

Así fue como me marché, después que un guerrero tierno me había instruido, animado y conmovido profundamente. Esto haría de mí un hombre mejor. Aquel hombre con una misión había permitido que su aspecto de ternura le diera la perspectiva que necesitaba. El coronel Smith creía firmemente que nuestras esposas, nuestros hijos, nuestra nación y nuestro estilo de vida eran toda la razón por la que éramos soldados. A lo largo de aquellos meses bajo su mando, me demostró una y otra vez que sin unas relaciones llenas de ternura, no hay razón alguna para ser soldado; en realidad, no hay razón alguna para nada.

En aquel guerrero de la vida real no había un solo gramo de Hollywood. No había un machismo desequilibrado. Ni una jactancia destinada a elevarse a sí mismo. Ni una bravuconería dedicada a hablar tonterías. Ni la despectiva sonrisa de un personaje repentinamente duro. Clint Eastwood, échese a un lado; yo prefiero que sea el coronel el que me alegre el día. Cualquier día.

«NUESTRO AFECTO»

Hace dos mil años, otro guerrero con ojos de acero y cicatrices de mil batallas les escribió estas palabras a un grupo de creyentes que luchaban en medio de la persecución en la ciudad de Tesalónica.

> Antes fuimos tiernos entre vosotros, como la nodriza que cuida con ternura a sus propios hijos. Tan grande es nuestro afecto por vosotros, que hubiéramos querido entregaros no solo el evangelio de Dios, sino también nuestras propias vidas; porque habéis llegado a sernos muy queridos. (1 Tesalonicenses 2:7-8)

¿Tiernos? ¿Cuidar con ternura? ¿Hijos? ¿Nuestro afecto? ¿Muy queridos? ¿Le parece que sean estas las palabras de un guerrero? ¿Son las palabras que usted esperaría de un hombre hecho y derecho? Dios sí las espera. Pablo dice que todos sus sufrimientos eran una rigurosa demostración de su afecto.

Pablo usa una expresión muy poco usual para captar sus sentimientos. En todo el Nuevo Testamento, esta es la única ocasión en que aparece este término. *Afecto* es un término tomado del mundo de la guardería y el cuidado de los niños. Se usa para el fuerte cariño que existe en la más delicada de todas las relaciones: la existente entre una mujer y el hijo que está criando. Además, parece haber una sensación de profesionalismo consagrado unida a su uso. Describe a las más experimentadas de las nodrizas. Es esa sensación subyacente de que existe la conexión emocional requerida para enfrentarse con éxito a todo reto significativo, como la crianza de los hijos, por ejemplo.

El gran apóstol sugiere que el corazón de su ministerio era el ministerio de su corazón: tierno, delicado, afectuoso, cariñoso. Familiar por naturaleza, eleva al espíritu que es semejante a él. El uno para todos y todos para uno del verdadero mosquetero. Es una habilidad varonil, útil para triunfar tanto en continentes enteros, como en campos de fútbol.

Regresemos a aquel estadio de fútbol un domingo por la tarde. Claro que solo es un juego, pero créame que aquellos hombres gigantescos con rellenos y cascos se lo toman muy en serio. Y los mejores entre ellos saben que para convertirse en campeón hace falta algo más que las habilidades para pasar la bola, atraparla, correr, bloquear y atajar. Mucho más. Los guerreros de los domingos reconocen que hace falta conexión; sí, incluso la conexión emocional —el «afecto»— para realizar el trabajo.

Ciertamente, Vince Lombardi, legendario entrenador (quien no tenía nada de teólogo del Nuevo Testamento, pero conocía a los hombres), comprendía esta verdad. Sus Green Bay Packers le pasaron por encima a todo el mundo en el fútbol profesional de los años sesenta. Y lo hicieron *juntos*, conectados por el «afecto». Lombardi, su líder, insistía en esto. Les decía directamente:

> Tienen que cuidarse unos a otros. Se tienen que querer. Cada jugador tiene que estar pensando en el que tiene junto a sí. La diferencia

entre la mediocridad y la grandeza está en los sentimientos que estos jugadores tienen unos por otros. La mayor parte de la gente le llama «espíritu de equipo». Cuando los jugadores están llenos de ese sentimiento especial, uno sabe que tiene en las manos un equipo ganador.[2]

El afecto supera los obstáculos. Se mantiene firme. Gana. Literalmente, la palabra significa «sentirse atraído hacia la otra persona». Es la clase de emoción que sentía el Señor cuando les dijo a sus hombres: «¡Cuánto he *deseado* comer con vosotros esta pascua antes que padezca!» (vea Lucas 22:15). *Afecto* es una palabra de cariño; un impulso casi incontrolable por asirse, por abrazar, por explotar con el gozo de la cercanía.

Es la marca de un guerrero amoroso.

Tómeselo en serio

Ya sea en un campo de fútbol, en la zona de batalla o bajo el techo de su propio hogar, es la disposición del hombre a manifestar afecto e interés —a *conectarse*— la que lo señala como líder... y como hombre de Dios.

Cinco

BAJO ÓRDENES

ERA UNA DE AQUELLAS TEMPORADAS doradas de la vida, en las cuales el sol brilla con una tibieza que no desaparece, y el viento siempre sopla de manera delicada. Linda y yo estábamos estacionados en la zona conocida entonces como Alemania del Oeste, donde yo era oficial de brigada en una división blindada. Llevábamos menos de tres años de casados, y nuestros corazones estaban muy unidos entre sí, y con nuestro pequeño de siete meses de nacido, con sus brillantes ojos y sus rojas mejillas. En cuanto a posesiones humanas, no teníamos mucho, pero yo ya tenía todo lo que había deseado en la vida: una esposa llena de amor, un hijo varón, un trabajo estimulante y un comandante excepcional.

No nos habría debido sorprender aquel sobre.

Sabíamos que llegaría. Sabíamos que *tenía* que llegar. ¿Por qué me latió así el corazón y se me enfrió la sangre cuando recibí de pronto lo que sabía que era inevitable? Sin embargo... ¿cómo habría podido estar listo jamás para cuando recibiera las órdenes definitivas de trasladarme a Vietnam? Unas órdenes que muy bien me podrían estar enviando a la pérdida de algún miembro, la cautividad o la muerte.

Con todo, ¿no era para eso para lo que me habían entrenado? ¿No era para eso para lo que yo había sido hecho? Nuestra nación estaba en guerra. ¿Qué hace un soldado, sino ir al combate?

Seis semanas más tarde, estábamos de regreso en Yakima, en la camioneta de mis padres, recorriendo en silencio los pocos kilómetros que nos separaban del aeropuerto. Mi permiso de treinta días se había terminado. La Navidad había pasado. Los días dorados también habían pasado. ¿Para siempre? ¿Quién podría decirlo? Mientras el avión se remontaba y se alejaba, yo miré sobre mi hombro derecho. Por un solo instante, aquella ventanilla enmarcaba todo cuanto había en mi corazón. Mi vida misma. De pie sobre la pista estaban mi madre, mi padre, mi esposa y mi bebé. Unas pequeñas figuras... que pronto se perdieron de vista. Recuerdo que pensé: *¿Por qué estoy haciendo esto? Preferiría estar haciendo otra cosa ahora mismo. Entre todos los lugares del mundo donde querría estar, el que estoy dejando es el que preferiría.*

Finalmente, tuve que volver a esto: Estaba haciendo lo que estaba haciendo, por una razón: tenía unas órdenes. Como el centurión en tiempos de Jesús, yo era un hombre bajo autoridad.

Aún lo soy.

No; ya no recibo sobres del Pentágono, pero sigo siendo un hombre bajo autoridad; un hombre sometido a órdenes. Y si el Señor Dios le ha permitido el inefable privilegio de ser esposo y padre, usted también lo es.

Yo soy un hombre *en* autoridad, y también un hombre *bajo* autoridad. Aquel que es la autoridad máxima quiso describir el papel del hombre casado en su hogar, llamándolo «cabeza». Él fue quien escogió la palabra; no fui yo. Es una palabra que viene de Dios. Las órdenes les han sido dadas, de una vez y para siempre, a los esposos y padres. Se nos *ordena* guiar; no es algo optativo. Hablando por medio del apóstol, Dios

Espíritu Santo dijo: «Pero quiero que sepáis que Cristo es la cabeza de todo varón, y el varón es la cabeza de la mujer, y Dios la cabeza de Cristo» (1 Corintios 11:3).

He aquí otro pasaje. El mismo Dios es quien habla: «Porque el marido es cabeza de la mujer, así como Cristo es cabeza de la iglesia, la cual es su cuerpo» (Efesios 5:23).

Es una proclamación asombrosa y amplia. Como hombres y esposos, debemos tener un espíritu de sumisión, en lugar de limitarnos a un sentido de jerarquía técnica. Dios nos ha puesto *en* autoridad, y también *bajo* autoridad, así que permítame hacerle un par de preguntas.

¿Le molesta a la esposa de algún hombre que «Dios sea la cabeza de Cristo»? Es probable que no. *¿Le molesta que «Cristo sea la cabeza de todo varón»?* No; de hecho es probable que le encante y que ore para que cada día que pasa, esto sea más real. *¿Le molesta a la esposa de algún hombre que «el varón sea la cabeza de la mujer»?* ¡Lo más probable! Por supuesto que le molesta. ¿Por qué es esto cierto?

Es probable que en parte se deba a la naturaleza pecaminosa de ella, y en parte a la naturaleza pecaminosa *de su esposo*. ¿Por qué en nuestra cultura hay tantas discusiones sobre los papeles del hombre y de la mujer que parecen tan dolorosas, tan injustas, tan poco divertidas, e incluso tan inútiles? Porque hay hombres que le exigen sumisión a su esposa, pero a su vez, ellos no se someten a nadie; ni siquiera a Dios. Los hombres hemos truncado el proceso con nuestro egoísmo arrogante, absurdo y egocéntrico. No podemos culpar a las mujeres de sentirse frustradas, porque temen la injusticia de estar sometidas a una cabeza que a su vez no le rinde cuentas a nadie.

Algunos hombres trazan una gran raya en la arena y dicen: «Yo no le tengo que rendir cuentas a nadie, pero soy tu jefe». Eso, ni es justo ni es bíblico. Sí, Dios nos ha dado a los hombres una cierta autoridad. Pero primero, y por sobre todo, debemos ser hombres *bajo* autoridad. Nos encanta citar el versículo que dice: «El varón es la cabeza de la mujer». Pero olvidamos muy oportunamente la primera parte del versículo, que dice: «Cristo es la cabeza de todo varón». No hay excepciones. Eso tiene que ver conmigo... y con usted.

Usted, que es hombre, ¿se halla bajo la autoridad de Cristo? Esta es la pregunta clave de todo este capítulo. Si, como hombre casado, usted no le rinde cuentas a Cristo por su forma de ser esposo, usted es tan culpable como lo que tal vez sienta la que es su esposa. Como hombre, como líder y como esposo, necesito regresar a las exhortaciones que me hace la Escrituras, y que se hallan metidas entre las indicaciones para que se sometan otras personas. ¿Amo a mi esposa como a mí mismo? ¿Soy duro o inconsiderado con ella? ¿Exaspero a mis hijos con mi forma de ser líder? ¿Los estoy amargando con mis injusticias? ¿Me someto a la autoridad de los líderes en mi iglesia local y las autoridades del gobierno? ¿Estoy dispuesto a someterme a otros cristianos? Tal vez piense que estoy hecho para llegar a ser un buen general, pero primero, ¿he aprendido a ser un buen soldado? Antes de poder guiar, hay que aprender a seguir.

Si no vivo como se me ha indicado, estoy minando mi propia credibilidad a la hora de recordarles o enseñarles a los miembros de mi familia que deben vivir como se les ha indicado.

¿CUÁL ES LA SOLUCIÓN?

Cuando hablamos del liderazgo bíblico del esposo, estamos enfrentándonos a algo muy fundamental. El liderazgo masculino está universalmente presente. Es la norma antropológica. Es la práctica de la historia. Y lo más importante, es lo que ordenan las Escrituras. Entonces, ¿cómo debemos reaccionar ante él? Debemos aceptarlo y vivirlo. Confiar en él y obedecerlo. Aceptar las órdenes y seguirlas, como hombres que se hallan bajo autoridad.

Sí; son muchos en nuestra cultura y en nuestros medios de comunicación los que le dan puntapiés. Se hacen campañas en su contra, es motivo de burlas y de ridículo, e incluso se promulgan leyes que lo declaran fuera de moda. Pero va a permanecer. La masculinidad está aquí para quedarse. Sin embargo, es trágico que haya cristianos que afirmen aceptar la autoridad de las Escrituras, y se le resistan.

Entonces, ¿cuál es la solución a toda esta confusión?

La solución está en el amor varonil. Los hombres debemos desarrollar un amor varonil bíblico y profundo. Y eso, ¿qué es? En pocas palabras, *ser cabeza*. Es un liderazgo con insistencia en la responsabilidad, el deber y el sacrificio; no el rango o el dominio. No se trata de proclamar «Yo mando aquí». La mayoría de los que tienen que insistir en que ellos son los líderes, lo hacen porque no lo son. «Maridos, amad a vuestras mujeres, así [exactamente] como Cristo amó a la iglesia, *y se entregó a sí mismo por ella*» (Efesios 25, cursiva del autor). La supremacía cruel no es el camino de Cristo.

Observe el enlace. Se enlaza el ser cabeza con el ser salvador. El corazón de la condición de salvador está en el sacrificio. La clave del liderazgo consiste en servir, no en «enseñorearse».

Esposo, nunca evada sus deberes como cabeza de su hogar, pero dele color a su condición de cabeza con tonos que manifiesten ternura, como proveer, proteger, enseñar, cuidar, guiar, amar, desarrollar, liberar, sacrificarse y guiar. Haga estas cosas, en lugar de adoptar los duros tonos de su lado guerrero: mandar, presidir, dirigir, fijar, dominar y decidir.

La esencia de los tonos tiernos es el hecho de ser siervo. El esposo maduro comprende lo que es ser un líder siervo. Es ser como Jesús.

Tómeselo en serio

Dios ha puesto a los esposos y padres *en* autoridad en su propio hogar, pero también los ha puesto *bajo* la autoridad de Jesucristo. Mientras no nos sometamos a su señorío e imitemos el modelo de su servidumbre sacrificada, no nos podremos ganar el respeto necesario para ser líderes.

Seis

El combate contra la soledad

EL DIOS VIVIENTE la había pasado bien creando. La tierra, el sol, la luna, las estrellas. Las criaturas; innumerables, en millones de formas, tamaños y colores. En sus propias palabras, todo había sido «bueno» pero entonces, dicen las Escrituras que hubo algo que le molestó. Había algo que «no era bueno».

No es bueno que el hombre esté solo.
(Génesis 2:18)

Ahora bien, Adán aún no se había dado cuenta de aquello. Con su experiencia más bien limitada, pensaba que la vida era estupenda así como estaba. Al fin y al cabo, estaba en el paraíso. El mundo olía a nuevo. Había mucha comida. Todo aquello sucedió antes que Dios echara a andar el desfile por la calle principal. Era un desfile de animales, y también era divertido; al menos, por un tiempo. Iban llegando, esperando que les diera un nombre, los admirara y los aplaudiera. Iban llegando de dos en dos... en dos... en dos... en dos... en dos. No hizo falta mucho tiempo para que aquel humano recién fabricado comprendiera lo que estaba sucediendo. ¡Él estaba solo! Todas las demás criaturas iban llegando por parejas. Él no.

Los primeros sentimientos de soledad aparecieron en su corazón. La vida había sido plena, plena, plena. Entonces, ¿qué era aquel lugar de su pecho que sentía vacío?

¿Ha estado solo alguna vez? Quiero decir, realmente solo. ¿Por mucho tiempo? No hay nada peor que la soledad. Es puro terror. Por eso las celdas de encierro solitario se hallan al borde de lo cruel e insólito. Y por eso son tan eficaces para destruirle la moral a un prisionero de guerra. El Señor lo dijo todo con estas palabras: «No es bueno que el hombre esté solo».

Pero no fue esto lo único que dijo. Después añadió una maravillosa promesa: «Le haré ayuda idónea para él» (Génesis 2:18). Y la hizo. El Creador no se limitó a chasquear los dedos para producir algo. Según las Escrituras, «hizo» a la mujer. La esculpió. Puso atención en sus líneas. Trabajó en ella. Creó una obra de arte mental, emocional, física y espiritualmente. Era una «ayuda idónea».

Dama, no se me ofenda ahora. El título de «ayuda» no significa «inferior». No describe a un ser de menor categoría. No es «ayuda» en la forma en que hablaríamos del ayudante del fontanero. Este término habla más del que necesita ayuda (el hombre). Indica que el hombre está incompleto. *Necesita ayuda*. De hecho, al Dios del universo le encanta describirse a sí mismo de una forma similar: Él es «nuestra ayuda» en tiempos de tribulación.

«Ayuda» es un término majestuoso. Y la mujer es una ayuda «idónea», o correspondiente al hombre. Es otra forma de decir que no se trata de un duplicado. No es igual. No es un clon. La mujer no es un hombre con las cañerías redistribuidas de otra forma. Es hermosa.

Es creativa. Y diferente. Adán no necesitaba un amigo, un compañero de pesquería, ni otro hombre para hacer con él carreras de elefantes. El hombre necesitaba una mujer. Ella es «el resto de la historia».

¿Hasta qué punto somos diferentes? La doctora Joyce Brothers, mujer de grandes dotes, lo dice con claridad: «¿Son realmente distintos el hombre y la mujer? Lo son. Lo son de veras. He pasado meses hablando con biólogos, neurólogos, expertos en genética, psiquiatras investigadores y psicólogos. Lo que he descubierto es que los hombres y las mujeres son más distintos de lo que yo pensaba. Sus cuerpos son distintos. Sus mentes son distintas. Los hombres son distintos, desde la composición misma de su sangre hasta la forma en que se desarrolla su cerebro, lo cual significa que piensan y experimentan la vida de una manera distinta a las mujeres».[3]

Más importante aun, y Dios lo dice con gran claridad, «varón y hembra los creó» (Génesis 1:27). Dos palabras diferentes. Dos géneros diferentes. Dos criaturas diferentes. Dios no quería un mundo gris y monótono. Entonces dijo al respecto: «Vamos a adornarlo». Y desde entonces, las mujeres han estado haciendo eso mismo: haciendo hermosas las cosas. Colgando cortinas en las ventanas desnudas de la tierra.

Sí; los hombres y las mujeres son diferentes. Y esa misma diferencia es la que combate la soledad.

CAMINAR JUNTOS

La mujer es una compañera. Una amiga. *Es una combatiente contra la soledad*. La mujer hace prácticamente lo que sea necesario para combatir el aislamiento, para luchar contra la separación, para vencer la soledad.

Yo he tenido el privilegio de vivir con Linda durante más de treinta años. Cuando pienso en todas las cualidades que valoro en mi esposa, la que más valoro es que siempre ha estado decidida a no permitir que nos separemos. Pero a veces, es algo incómoda para mí. Como hombre que soy, hay momentos en que sencillamente, quiero «estar solo». Y algunas veces, he sentido como si ella estuviera allí mismo, frente a mi cara. En ocasiones, me ha molestado que haya estado siempre «presente». Pero *está* presente. Al fin y al cabo, fue hecha para estar presente. Es *mujer*. Es magníficamente mujer. Si me dejan solo, creo que eso mismo sería: solo, como esos ermitaños de espesa barba y ojos salvajes que viven en los rincones más apartados de los bosques. Pero el Creador dijo con toda sabiduría: «No es bueno que el hombre esté solo».

Mi esposa no permite que yo me aísle. Se ha convertido en compañera y amiga, la mayoría de las veces gracias a una obstinada decisión de serlo. Peleando la soledad.

A principios de nuestro matrimonio, yo tuve que luchar realmente con esto. Nos casamos en el verano posterior a mi penúltimo año y su primer año en el colegio universitario. Mi último año fue muy ocupado, puesto que estaba terminando mi experiencia en el colegio universitario. Tenía mucho que vencer, y no me quedaba demasiado tiempo para disfrutar; al menos, desde mi inmadura perspectiva. Además de tener las clases normales, era capitán del equipo de fútbol y comandante de la Brigada de Cadetes en las prácticas paramilitares, viajaba en un grupo de cantantes que representaban al colegio universitario y estaba terminando mi preparación para la licencia de piloto de aviación. Entonces, no sabía lo que era eso de ser «muy macho», pero la enfermedad sí la tenía plenamente desarrollada.

Muchas veces, cuando atravesábamos juntos el recinto universitario, Linda quería que nos tomáramos de la mano. Pero mis inseguridades personales y masculinas hacían que yo me sintiera incómodo. No sabiendo apreciar su sed de compañía, tendía a apartar mi mano. Pensando que tenía que proyectar la imagen de un personaje recio tipo futbolista, militar y aviador, mantenía una distancia entre ella y yo. La alejaba. O sea, pensaba: *¿Qué van a pensar de mí los otros varones?*

Qué ignorante era. Completamente necio. Sin darme cuenta, estaba hiriendo el mismo corazón por el que pensaba que estaba dispuesto a morir. Fiel en todas las «cosas grandes», la estaba matando en los pequeños detalles. La amaba para toda la vida, pero no actuaba tan bien en lo cotidiano. Usted sabe lo que quiero decir.

Pero la vida es muy cotidiana. Y también lo es mi esposa. Mi bondadoso Señor sabe que necesito que me recuerden esto. Con mucha frecuencia ando «por los aires», subiéndome a los árboles como Flint McCullough, mirando hacia delante, escudriñando el horizonte y planificando a gran distancia. Entonces es cuando Linda me recuerda: «En realidad, yo sí miro hacia el futuro contigo, pero no me preocupa tanto el estilo de vida que tengamos dentro de veinte años. *Quiero vivir contigo hoy*».

Los hombres podemos conquistar montañas y hacer cosas grandes, pero tendemos a no actuar tan bien en la vida diaria juntos y en el combate contra la soledad. Gracias a Dios por las mujeres. Gracias a Dios por la perspectiva femenina de vivir en una relación. Hoy en día, estoy muy agradecido de que a Linda no le guste caminar sola. Anoche mismo me dijo: «Me gusta que me atiendas».

Dinah Craik lo dijo muy bien hace más de un siglo:

Oh, el consuelo,
el consuelo inefable
de sentirse seguro con otra persona,
no teniendo que pesar los pensamientos
ni que medir las palabras,
sino expresándolos todos,
tal como son,
la paja y el grano juntos,
segura de que una mano fiel
los va a tomar para separarlos
y conservar lo que valga la pena,
y con un soplo de bondad,
hacer volar el resto.

Tómeselo en serio

¿Qué puede un hombre aprender de una mujer? Que *juntos* es mejor, y que la senda de la fortaleza no se encuentra en el aislamiento y la soledad.

Siete

¡Manténgase firme, papá!

RECUERDO HABER ESTADO HACE AÑOS en la orilla del río Yakima, en el centro del estado de Washington. Solo era un niño, y los niños en las orillas de los ríos tiran piedras. Mi padre estaba conmigo, y estábamos tirando piedras juntos. Iban cada vez mas lejos en la corriente, con sus típicos chapoteos. Era bastante emocionante ver hasta dónde podíamos lanzar aquellos proyectiles en aquel rápido y amplio río.

Entonces, sucedió algo asombroso. Papá recogió una piedra algo más grande que las demás. Le dio vuelta una vez alrededor de su hombro, dio un paso y la *lanzó* como nunca lo había visto hacer antes. Asombrado, seguí su trayectoria en el aire, observándola mientras parecía aumentar de poder a medida que volaba. Y entonces —¡increíble!— vi que pasaba el río entero para ir a rebotar a la orilla opuesta. Me quedé boquiabierto. Para este jovencito, aquello era un asombroso despliegue de puro poder. Mi pequeña mente no lo podía entender. Pero sí recuerdo que aquel día me pregunté si en realidad mi papá no sería Clark Kent. Supermán. Pensé: *Soy el hijo del hombre más poderoso del universo.* Sentí que me hinchaba todo entero. Quería ser como él. Quería caminar en los zapatos de mi padre.

Poco sabía yo entonces que la impresionante fortaleza física de mi padre solo era una metáfora de la increíble fortaleza espiritual de un padre: un símbolo visible de una realidad invisible. Como ninguna otra persona, el padre posee un poder especial para moldear y formar la vida de la otra persona. Todos los conceptos básicos sobre el carácter brotan de la vida de este hombre. La estima. Los principios. La identidad. Y los puntos de seguridad. Cuando pensamos en esto por un rato, vemos que hay pocas cosas que sean más poderosas.

Piense en esta asombrosa evidencia: «Cuando el padre es un creyente activo, hay una probabilidad cercana al setenta y cinco por ciento, de que los hijos también se conviertan en creyentes activos. Pero si solo la madre es creyente, esta probabilidad se reduce drásticamente al quince por ciento».[4]

EL CORAZÓN DE LA MASCULINIDAD

En este librito nos hemos estado preguntando: «¿Qué es un hombre? ¿Cuál es el corazón de la masculinidad?» Si le viniera a la mente una palabra que identificara ella sola todos estos principios básicos sobre la hombría, ¿cuál sería?

Es *Papá*, ¿no es cierto? *Padre*.

Qué palabra. Qué palabra tan llena de poder. ¿Es de extrañarse que a todos los hijos de Dios se les enseñe a orar diciendo: «Padre nuestro, que estás en los cielos...»? A Dios le encanta que lo llamen «Abbá, Padre».

¿Qué recuerda usted de su padre? Yo recuerdo los velludos brazos del mío. Siempre quise tener unos brazos velludos, como papá. ¿Tonto? No; simplemente una fascinación de niño con la naturaleza de la madurez masculina en el ambiente físico, el más fácil de ver para un niño. Quería ser como él, y si eso significaba tener los brazos velludos, lo esperaba con impaciencia.

Recuerdo también el olor corporal de mi padre. ¿Le parece raro? Tal vez. Pero es probable que usted también recuerde el del suyo. Recuerdo que pensaba, a mi estilo tan infantil: *Me pregunto si un día yo también oleré así.* Recuerdo que pensaba que tal vez ese fuera el olor especial de nuestro clan; el distintivo de la tribu, por así decirlo.

Quería orar como oraba mi padre. Quería comprender la Biblia como la comprendía él. Quería enzarzarme en el misterio del «plan de Dios para las edades», del que él siempre hablaba con aquel tono de voz grandioso y lleno de admiración. Quería mantenerme firme, tal como él se había mantenido.

¿Por qué no hay en nuestro país más hombres dispuestos a «mantenerse firmes»? ¿Por qué no hay más hombres que muestren unas manos jóvenes a las cuales asirse? ¿Será que la revolución industrial y sus secuelas se llevaron de la casa al padre por completo? ¿Habremos olvidado por eso lo que hacen los padres, en lo que consiste ser un verdadero hombre?

Nuestra cultura ha perdido el paso; se halla fuera de orden. Y no hay nada más doloroso de presenciar, que unos hombres que han olvidado lo que es un hombre. El doctor Henry Biller dice algo muy importante: «El principal daño a la paternidad de hoy es que los padres no tienen el vital sentido del poder paterno que tenían en el pasado. Como consecuencia de una gran cantidad de presiones procedentes de la sociedad, el padre ha perdido la certeza de que él tiene una importancia natural para sus hijos; de que tiene el poder necesario para afectarlos, guiarlos y ayudarlos a crecer. No está seguro de que la paternidad sea una parte básica de su masculinidad, y el centro de atención legítimo para su vida».[5]

La raíz de la masculinidad es la paternidad. Ahora bien, piense en ese término de forma amplia, más que de forma estrecha. *Aunque usted no tenga hijos propios, puede ser padre*. La paternidad es un campo amplio. El aspecto más fácil de la paternidad es el más obvio y físico: la reproducción biológica de hijos. Pero la paternidad tiene solo un poco que ver con la biología. En su centro, tiene que ver sobre todo con las actividades de originar, influir y dar forma. Yo creo que si la comprendemos correctamente, llegaremos a la conclusión de que todo hombre es, al nivel de su alma, un padre, tanto si tiene hijos biológicos, como si no.

Padre. Mire de frente a la palabra. El diccionario es muy directo en su definición: «El que ha engendrado un hijo; el que cuida de alguien; aquel a quien se debe respeto; un originador; alguien que es el comienzo de algo».

Personalmente, creo que ser padre tiene más que ver con «cuidar» que con «engendrar». Se puede engendrar sin pensarlo, en un momento de pasión. La paternidad nunca será así. El acto de engendrar puede ser totalmente egoísta, cosa que nunca podrá ser la paternidad.

Ser padre es algo más asombrosamente poderoso. Engendrar. Ser el fundador. Ser el fundamento. Ser el autor. Piense en las implicaciones que tiene este ser padre en su hogar, su lugar de trabajo, o en los asuntos de la vida diaria. Ser padre es ser alguien que reúne el ámbito y la secuencia de la vida. Es ser el que crea el plan de desarrollo para las generaciones venideras. Es ser el autor. Aceptar la responsabilidad de algo.

Asirse. Tomar unas torpes manos jóvenes con tierna fortaleza y asirlas hasta que los jóvenes pies puedan caminar seguros por una senda que a veces es oscura, y a veces es resbaladiza.

De qué forma tan poderosa nos afectan nuestros padres, presentes, ausentes, negativos o positivos. Y no son solo los varones los que sienten las ondas y el arrastre de esa gran fuerza. Escuche esta desoladora carta que me hizo llegar una apreciada dama de nuestra congregación.

Yo consideraba a mi padre un verdadero hombre... Era el que nos lo proporcionaba todo, y trabajaba fuerte para satisfacer nuestras necesidades físicas. Tuvo que irse a doscientos cuarenta kilómetros de casa para hallar trabajo, y muchas veces solo volvía los fines de semana... Como era de esperarse, no lo conocía muy bien.

Cuando llegué a la adolescencia, comencé a anhelar más que ninguna otra cosa el ganarme su aprobación. Esto se convirtió en una necesidad consumidora. Iba pasando de actuar como un muchacho, a ser femenina, en mi intento por caerle bien. Me dediqué a pescar, y me obligué a cortar gusanos y llenarme de lodo las uñas para ponerles el cebo a mis propios anzuelos, de manera que pudiéramos salir a pescar. Pero él ya no tenía tiempo para ir a pescar.

Comencé a jugar sófbol y me convertí en la mejor lanzadora de nuestra escuela. Pero él nunca me vio jugar un solo partido. Trabajé duro para conseguir solo notas de sobresaliente, y siempre estaba en la lista de honor. Ni una sola vez dijo que se sentía orgulloso de mí. Un año, estuve en el grupo de animación de los juegos. Nunca acudió a un juego. Otro año fui capitana del equipo de ejercicios militares. Nunca nos vio actuar.

Un fin de semana traté de ayudarlo a trabajar en el auto. Pero le pareció que estaba atravesada y en medio de su camino. Entré a la casa e hice algunas galletas. Me dijo que las había quemado.

Cada vez me fui retirando más a mi cuarto durante los fines de semana, sollozando fuertemente, deseando que él se interesara en mí. Ni una vez me consoló. Nunca me leyó nada. Nunca me arropó en la cama. Nunca me abrazó. Nunca me besó. Nunca me dijo: «Te quiero».

Más tarde, después de haber criado cuatro hijos, ella regresó a su trabajo. Esto es lo que escribe:

De alguna forma, sin proponérmelo, me hallé estudiando ingeniería civil, el campo de estudio más cercano a su profesión. Trabajé como agrimensor el año pasado, trazando líneas como las que él había trazado durante años. Mientras tanto, pensaba: *Si me pudiera ver, se sentiría orgulloso de mí.*

¡Qué poder tan grande tiene un padre sobre la dirección que toma la vida de una hija! Bueno o malo, presente o ausente, su influencia perdura toda la vida. Yo pienso mucho en los padres que dejan a sus hijas en manos de la madre para que las críe, creyendo que la influencia de un hombre no es necesaria para las niñas.

Tengo treinta y siete años, y estoy comenzando a ver lo mucho que me sigue impulsando un fuerte anhelo interior por ganar la aprobación de este hombre tan significativo para mí.

Verá. Si mi propio padre no cree que yo valga nada, es que realmente no debo valer nada. Si mi propio padre no me puede aceptar, entonces es que soy inaceptable. Si mi propio padre no me puede amar, entonces es que debo ser totalmente imposible de amar. Si realmente no valgo nada, soy inaceptable y además es imposible amarme, entonces no es posible que Dios me ame de verdad. Y por supuesto, mi querido esposo, que solo es un ser humano, tampoco me podría amar de verdad.

Le doy gracias a Dios porque me está abriendo los ojos a estas mentiras para mostrarme su verdad. Él ha comenzado el proceso de sanidad, pero las heridas son realmente hondas. Me temo que los efectos de las cicatrices van a seguir conmigo mientras me encuentre en esta tierra.

Es probable que así sea. Y también es probable que toquen a esos cuatro hijos. Y a los hijos de ellos. Ese es el increíble poder de la paternidad. Se extiende a través de las generaciones, hasta la tercera y cuarta generación.

¡Manténgase firme, papá! Decídase ahora, cuando aún hay tiempo de influir para que las cosas sean distintas.

¿Necesita algunas sugerencias para echar a andar? Pruebe estas, a ver qué tal le van.

1. *Busque al Padre de todos.*

Así enfocó mi padre las cosas, y el de mi padre antes que él. Viva para la eternidad, y no para los fines de semana. Piense en función de su misión. Piense más allá de usted mismo. Entréguele su vida al Padre de todos, y a las personas que Él en su soberanía ha puesto alrededor de usted. Casado o no, tenga hijos o no, usted es hombre. Fue hecho para estar con otras personas como proveedor, protector, maestro y amigo. Adelante.

2. *Sea modelo de autoridad y enseñe el respeto a ella.*

El padre es un originador, un fundador, un autor. *Autor* es la palabra que se halla en la base de la palabra *autoridad*. El padre es una autoridad, y representa al Autor de todo, que es la Autoridad máxima. Enséñeles a sus hijos a respetarse mutuamente, respetar a todos los demás, respetar a los adultos en general, y a los maestros en particular.

3. *Ayude a su familia a ver el cuadro general.*

Muéstreles a sus hijos la forma en que Dios ve al mundo. Ayúdelos a luchar con una perspectiva eterna. Enséñeles que la vida es mucho más que tener un trabajo y una dirección de correos. Es una misión: ¡vivir para el Reino! Envuélvase en una iglesia local; una que tome a la Biblia, a sí misma y a usted en serio.

4. *Tenga un sólido compromiso a favor de la unidad de la familia.*

Ayude a todos a comprender que bajo su techo no puede haber aislamiento ni enemistad. Arránquelos apenas aparezcan. Sáquelos de raíz apenas broten. En nuestra casa tenemos un pequeño refrán que repetimos constantemente: «Aquí nunca haremos las cosas perfectas, pero siempre las hacemos juntos».

5. *Sea positivo en la edificación de la seguridad en los miembros de su familia.*

«¿Sabes, mi amor? Eres única. ¿Sabes, hijo? Eres único. Nunca volverá a haber nadie como tú. Tienes unas pasiones, unos intereses, unos talentos y dones, que contribuyen de manera única. Te aprecio mucho a ti, y tu forma de ser. He aprendido de ti».

¡Fantástico! ¡Qué gran oportunidad! Aprovéchala al máximo. Cualquiera que sea su trabajo, o su función en la vida, no tiene un privilegio mayor, ni más poderoso. ¡Manténgase firme, papá!

«VAMOS A CORRER JUNTOS»

La fortaleza física de mi padre se manifestaba en una serie de proyectos, tareas y cosas como tirar piedras hasta la otra orilla de los ríos. Pero un día en especial me sorprendió de nuevo su fortaleza y la forma en que me podía conmover a mí mismo.

Colina abajo de nuestra casa había un lote de terreno baldío. En una ocasión, papá y yo fuimos juntos a él. Tal vez estuviéramos jugando a atraparnos; no lo recuerdo con exactitud. Sin embargo, nunca olvidaré la carrera colina arriba.

En medio de nuestra actividad, mamá salió al portal del frente de la vieja «3309» (afectuosa forma de referirnos a nuestro hogar) y nos llamó a cenar. Papá y yo nos miramos. Nuestros ojos se encontraron... y chispearon. Sin decir una palabra, ambos comprendimos que era el momento de echar una carrera. Salimos disparados. Había que subir unos ciento cincuenta metros colina arriba hasta la casa. Fue glorioso correr con mi padre. Fue maravilloso. Pero, por mucho que lo intentara, mis cortas piernas no podían competir con las suyas, que eran bien largas. Él comenzó a tomar ventaja. Yo estiraba el cuello y los músculos, pero iba perdiendo terreno. Entonces, sucedió algo realmente especial.

Papá, viendo que me estaba quedando atrás, me extendió la mano.

Sus ojos me decían: *Agárrate. Vamos a correr juntos.*

Corriendo aún, deslicé mi pequeña mano en la suya. Fue algo mágico. Su poder me levantó del suelo. Salí disparado con su fuerza. Mi velocidad se duplicó, porque mi padre me había tomado de la mano.

Eso se parece mucho a la vida. La velocidad de un niño se duplica cuando su padre es quien se enfrenta a las situaciones del hogar. ¡*Enfréntese*, papá! Manténgase firme con todas sus fuerzas. Manténgase firme ante las tormentas y las desilusiones, las angustias, las tentaciones, las heridas y las circunstancias locas y llenas de agitación. En la vida no son muchas las cosas a las cuales los hijos no se puedan enfrentar, si tienen la fuerte mano de su padre fuertemente asida de la suya.

Y mientras está haciendo esto, agárrese con la otra mano a su Padre celestial. Deje que Él sea su seguridad, sabiduría y estabilidad cuando no es capaz de hallar las suyas propias. Deje que su fortaleza lo lleve colina arriba en la vida hasta que lleguen juntos, riendo y sin aliento, al portal delantero del cielo.

¿Acaso no son para eso los padres?

Tómeselo en serio

La paternidad es el corazón mismo de la masculinidad. Nunca somos más fuertes, que cuando nos asimos de la mano de aquellos que buscan fortaleza en nosotros.

Ocho

Los verdaderos hombres se mantienen juntos

MUY DENTRO DE SÍ, todo hombre necesita un amigo.

Muy dentro de sí, todo hombre necesita un hermano a quien abrazar.

Muy dentro de sí, todo hombre necesita un alma hermana.

Sí, no hay duda alguna. La esposa de un hombre ha sido hecha por Dios para que sea su compañera más íntima. Y una vez casados, tanto usted como yo debemos estar dispuestos a morir por nuestra esposa y nuestros hijos de inmediato, y muchos de nosotros estamos dispuestos a hacerlo. Sin embargo, dentro de esa disposición a morir por la familia y el hogar, hay en nuestro interior algo que anhela alguien *con quien* morir... alguien *junto al cual* morir... alguien con quien caminar juntos. Otro hombre con un corazón semejante al nuestro.

Todo guerrero necesita un compañero de armas. Todo piloto de avión militar necesita al piloto del avión acompañante en la formación. Hasta el ejército de los Estados Unidos, con toda su apatía en cuanto a relaciones («no nos importa lo que usted sienta»), entiende esto. Cuando usted va a hacer algo que lleva a su alma al límite —como pasar nueve semanas de escuela de comandos militares en Fort Benning, Georgia—, necesita un camarada. Un «camarada comando».

Esas dos palabras tenían un inmenso significado para mí. Fue mi camarada comando Lou Francis quien se aferró a mi brazo, y yo al suyo, a lo largo de sesenta y tres días de un trauma físico y mental increíble. Juntos, pasamos la experiencia más dura que ninguno de los dos hubiera encontrado hasta ese punto de nuestra vida.

Alguien discutirá conmigo sobre esto, pero no conozco un régimen de entrenamiento más intenso en la vida militar de los Estados Unidos. Esa gente sabe tomar a un joven y estirarlo tendón por tendón; tendón físico por tendón físico; tendón emocional por tendón emocional.

Recuerdo bien la fase final y más intensa de nuestro entrenamiento. Estábamos en los pantanos del oeste de la Florida en pleno invierno. Nunca me habría podido imaginar que pudiera haber tanto frío en la Florida. Estábamos al final de una patrulla de varios días, y casi al final de nuestras fuerzas también. No habíamos dormido casi todos esos días, y apenas habíamos comido. Nuestra misión en particular nos exigía que acudiéramos a un cierto conjunto de coordenadas situadas en una esquina de nuestro mapa. Lamentablemente, esas coordenadas resultaron estar situadas al otro lado del río Yellow.

Nos parecía que habíamos estado tambaleándonos, hundidos hasta la rodilla en el agua entumecedora de un pantano de cipreses durante siglos. La temperatura estaba bajo cero, y teníamos el cuerpo en el último extremo de nuestra resistencia. Las «rodillas» de los cipreses, invisibles bajo las negras aguas, nos destrozaban las piernas y los tobillos.

Cuando llegamos por fin al río, era prácticamente imposible distinguirlo del agua que habíamos estado vadeando. La única forma de saber que se trataba de un río, era por la corriente que se movía con rapidez, y la ausencia de cipreses.

Nuestra meta era un terreno más alto situado al otro lado. Sabíamos que si nos mojábamos la ropa, el frío acabaría con nosotros. Así que nos quedamos en ropa interior y, como se nos había enseñado en el entrenamiento, hicimos una pequeña balsa con nuestros dos ponchos, para proteger nuestros rifles y fardos. Mientras vadeábamos en el agua helada, nos sorprendió lo fuerte que era la corriente. Aunque ambos nadábamos bastante bien, nos encontramos con que la corriente nos iba arrastrando cada vez más lejos. Fue algo temible. En busca de un poco de fuerza procedente de algunas reservas sin usar, ambos comenzamos a patear con todas nuestras fuerzas. El esfuerzo fue recompensado, porque nos fuimos moviendo centímetro a centímetro hacia la enlodada orilla, y finalmente la alcanzamos.

Salimos del agua arrastrándonos, con la piel azul por el frío, y arrastrando pedazos de maleza del río y lodo. Encantados de seguir vivos. Felices de haber alcanzado nuestra meta. Recuerdo que ambos nos miramos a los ojos, y después nos abrazamos espontáneamente. Permanecimos allí por un momento, en la desapacible orilla invernal del río Yellow, convertidos en dos jóvenes en ropa interior, mojados y tiritando, riendo y llorando al mismo tiempo, y abrazados como si nunca nos fuéramos a separar.

Aunque vivamos hasta los cien años, no creo que ninguno de nosotros dos vaya a olvidar jamás la camaradería de ese momento. Lo habíamos logrado. Habíamos salido vivos. Ambos.

Todo hombre, tanto si lo admite como si no, necesita un camarada comando. Todo hombre necesita alguien con el cual se pueda enfrentar a la adversidad y a la muerte. Emerson escribió: «Nos cuidamos la salud. Ahorramos dinero. Cuidamos de nuestro techo. Conseguimos ropas suficientes. Pero, ¿quién provee con sabiduría para no verse desprovisto de la mejor propiedad de todas, los amigos; amigos fuertes y fieles?»

POR QUÉ LOS HOMBRES NO CULTIVAN LAS AMISTADES

Un profesor de la Universidad Metodista del Sur dijo esto después de diez años de estudios sobre el tema: «Decir que los hombres no tienen amistades íntimas parece de entrada demasiado duro, y hace surgir enseguida objeciones en la mayoría de los hombres. Pero los datos indican que esto no se halla lejos de la verdad. Hasta las amistades más íntimas (que son pocas) raras veces se acercan a la profundidad de revelación que suele tener una mujer con otra... Los hombres, que ni se descubren ante ellos mismos, ni tampoco entre sí, son amigos de nombre solamente».[6]

Sí, tal vez *queramos* esa amistad. Todo hombre, tanto si lo admite como si no, anda por la vida con un lugar vacío en el pecho, preguntándose si él será el único. Pero hay algo dentro de nosotros, que nos mantiene alejados. *¿Qué es ese algo que mantiene a los hombres distantes y sin amigos?*

Patrick Morley observa irónicamente que aunque la mayoría de los hombres podrían conseguir seis que cargaran su ataúd, «son muy pocos los que tienen un amigo al que puedan llamar a las dos de la madrugada».[7] La socióloga Marion Crawford afirma que los hombres y las mujeres de edad mediana tienen unas definiciones de la amistad que son considerablemente distintas. Las mujeres, por un margen abrumador, hablan de «confianza y confidencialidad», mientras que los hombres describen al amigo como «alguien con quien puedo salir», o «alguien de cuya compañía disfruto». En su mayor parte, las amistades masculinas giran alrededor de actividades —compañeros de pesquería, compañeros de golf—, mientras que las femeninas giran alrededor del compartir.

¿Por qué son ciertas estas cosas? Tengo mis teorías. Aunque los hombres estemos hechos de acero y terciopelo, la mayoría de nosotros se sienten más cómodos con el acero... el lado duro domina al tierno. Muchos tenemos el lado tierno subdesarrollado porque se nos ha enseñado mal acerca de la hombría. No ha sido deliberado, pero sí ha sido falso. Necesitamos volvernos más tiernos. El guerrero que hay en nosotros quiere ser fuerte, y necesita serlo. Pero no queremos admitir que haya hendidura alguna en nuestra armadura. No queremos admitir ningún punto vulnerable, y *ése es precisamente el elemento esencial para una amistad verdadera*. Claro, los puntos vulnerables están presentes. Pero la mayoría de nosotros hemos aprendido a esconderlos con cuidado. Es posible que haya quien le llame «virilidad» a esto. Tal vez otros lo clasifiquen con mayor exactitud como lo que es: *falta de sinceridad.*

La amistad exige sinceridad. Exige confianza. Por eso también —y no hay forma de evitarlo— exige vulnerabilidad. Creo que ese es el común denominador de este síndrome de falta de amigos en los hombres, y se deletrea de esta forma: O-R-G-U-L-L-O.

Todos nos queremos considerar una especie de guerreros, hombres de verdad, al estilo de John Wayne. Sin embargo, lamentablemente, por mucho que nos encante John Wayne, el «Duque» tenía un aspecto de su personalidad que nunca se manifestaba. Todo lo que veíamos era el acero. Nunca veíamos el terciopelo, a menos que fuera durante un breve instante, como en la película *She Wore a Yellow Ribbon* [«Ella llevaba una cinta amarilla»]. John Wayne nos dejó la impresión de que los hombres de verdad son capaces de permanecer solos. Y lo hacen... cuando es necesario. Pero la única razón por la que parece «necesario» la mayor parte de las veces, es nuestro orgullo obstinado e inflexible.

Los hombres de verdad permanecen juntos. Necesitamos comenzar a pensar así. Los hombres de verdad se necesitan unos a otros. Los verdaderos soldados se estiman entre sí.

Con todo, digamos la verdad: La mayoría de nosotros estamos oxidados cuando se trata de compartir nuestras emociones. Necesitamos práctica. Necesitamos practicarlo un poco. ¿Le puedo hacer una sugerencia? Encuentre alguien que parezca más relajado y diestro en esto, y observe cómo lo hace. Encuentre en su semana algún momento que haya sido especialmente emocionante para usted, y después escoja a ese amigo cuyo nombre le está dando vueltas en la mente y el corazón hoy. Vaya a compartir sus emociones con ese amigo. Comience al nivel que sea. Si necesita cebar la bomba, comience con su esposa. La mayoría de las mujeres valoran de verdad el intento de su esposo por salir de su caparazón.

Cuando abra la Biblia, pase algún tiempo con David en los Salmos. He aquí un verdadero hombre de hombres y poderoso guerrero que sabía convertir en palabras sus emociones. David también sabía derramar sus entrañas ante Dios. Sabía gritar sus temores y desalientos, y esperanzas y gozos. En las palabras de este hombre podemos ver toda la gama de los sentimientos. La risa gozosa. Los gritos de alabanza. La ira ardiente. La profunda herida causada por la traición. El temor paralizante. Las abrumadoras oleadas del desaliento. El dulce alivio. La gratitud desbordante. El amor. Todo aparece allí. Ha recorrido todo el mapa espiritual y emocional. Su jornada es la jornada espiritual de un guerrero amoroso, registrada para siempre en las Escrituras para guerreros como usted y como yo, que queremos seguir sus huellas.

Cuando mi padre estaba en la Segunda Guerra Mundial, hizo amistad con un joven llamado Joe Carter. Eran jóvenes reclutas, arrancados de una pacífica vida civil y lanzados a la misma barraca en el campamento de entrenamiento. Permanecieron juntos durante gran parte de la guerra. Sirvieron juntos. Sudaron juntos. Soñaron juntos en el hogar. Llevan más de cincuenta años sin verse. Sin embargo, cada año sin fallar, mi padre recibe una tarjeta de cumpleaños de Joe Carter en el correo.

Es difícil creer que esa amistad comenzó cuando mi padre atravesó la barraca una tarde para ofrecerle a un sujeto llamado Joe una de las galletas de chocolate que acababa de recibir en un paquete que venía de casa. Papá tiene ahora más de setenta años. Y de vez en cuando, hace una pausa para mirar por la ventana, con la mirada perdida en el horizonte. Entonces, con una sonrisa en los extremos de los labios, dice:

«¿Saben...? Yo debería tomar el tren para irme a ver a mi amigo Joe».

Una amistad de cincuenta años surgió de una sola galleta de chocolate. Así sucede a veces. Todo lo que hace falta es romper el hielo. Todo lo que hace falta es atravesar la barraca. O el salón. O la calle. O la habitación para tomar el teléfono. Hace falta estar dispuesto a tragarse un poco de orgullo y extender la mano.

¿Se está dando usted a alguien? ¿Se está abriendo a alguien? ¿Sabe alguno de sus compañeros de milicia dónde están las hendiduras de su armadura? ¿Anda en busca de un alma gemela, de un camarada comando?

Algún oscuro día, cuando tenga débiles las rodillas, la corriente sea fuerte y el agua esté fría, se alegrará de haberlo hecho.

Tómeselo en serio

Todo guerrero tiene hendiduras en su armadura. Cuando admitimos nuestros puntos vulnerables ante un amigo de confianza, nos estamos consiguiendo protección y esperanza; un escudo en los días en que caigan las tinieblas y vuelen las saetas.

Nueve

El mayor de los guerreros tiernos

UNA DE LAS FOTOS FAVORITAS dentro de mi álbum mental data de un momento en el que yo me hallaba a medio mundo de distancia de lo que estaba sucediendo.

Sucedió hace unos cuarenta años, mientras yo avanzaba con dificultad por los deltas y las selvas del sureste asiático. Mi padre estaba desempeñando con mi hijo, que entonces tenía un año, el papel que a mí me habría encantado desempeñar. El pequeño Kent y su abuelo estaban luchando y rodando por la alfombra, como se supone que hagan los abuelos y sus nietos. En el transcurso de todo aquel vapuleo, Ken le arañó sin quererlo un ojo a mi padre.

No le dolió mucho, pero él decidió aprovecharse de la situación y atraer la atención del pequeño. De rodillas, puso la cabeza en el suelo y hundió el rostro en la alfombra. Se cubrió los lados de la cabeza con las manos y comenzó a gritar y comportarse como si le estuviera doliendo mucho.

Sin embargo, el pequeño Kent ya había aprendido unas cuantas cosas en la vida. Durante sus doce meses de existencia, había comenzado a aprender algo sobre los abuelos... y los hombres en general. Así que se tiró en la alfombra, tan cerca como pudo del rostro de su abuelo. Se puso a tratar de quitar aquellas grandes manos de la cara escondida, para poderle ver los ojos al abuelo.

«Ay, "bompa"», le dijo mi hijo. «Compórtate como un hombre *grande*».

Kent sabía algunas cosas sobre los «bompas». Sobre los hombres grandes. Sobre los hombres fuertes. Tenía algunas expectaciones. Su abuelo era un hombre grande, y él esperaba algo de su conducta. Mi pequeño ya estaba despertando a las cualidades masculinas de fortaleza y valor. Y en la idea que tenía al año de vida sobre esa cosa llamada masculinidad, le estaba tratando de dar valor a otro ser humano.

Vamos, «bompa». Sé un hombre grande. Los hombres grandes son capaces de soportar las durezas y las caídas. Los hombres grandes pueden absorber los golpes y volverse a levantar. De los hombres grandes se espera que sean fuertes y estables, y que dirijan... en lugar de lloriquear en la alfombra.

Joe Stowell, presidente del Instituto Bíblico Moody, escribe: «Nací varón. Pero muy temprano aprendí que ser varón no era lo que me hacía *hombre*. Me di cuenta de esto la primera vez que alguien me dijo: "Joe, compórtate como todo un hombre". Tal vez fuera alguna vez que comencé a llorar, o que me negué a comerme mis espinacas. Descubrí que tenía una nueva tarea en la vida: ir más allá del simple ser varón para descubrir lo que significa ser "hombre"».[8]

Mientras nos acercamos a los últimos pasos de este pequeño viaje que hemos hecho juntos, llenemos nuestra visión con otro Hombre joven que estaba aprendiendo a ser aquello que debía ser.

EL LLAMADO

¿Recuerda que a los doce años de edad, Jesús quedó separado de sus padres en Jerusalén durante una fiesta? Después de buscarlo durante tres días, «le hallaron en el templo, sentado en medio de los doctores de la ley, oyéndoles y preguntándoles» (Lucas 2:46). José y María se quedaron asombrados ante este giro de los acontecimientos, y ella le dijo al Niño: «Hijo, ¿por qué nos has hecho así? He aquí, tu padre y yo te hemos buscado con angustia» (v. 48).

¿Recuerda su respuesta? «¿Por qué me buscabais? ¿No sabíais que en los negocios de mi Padre me es necesario estar?» (v. 49).

Jesús era un niño que estaba comenzado a hacer valer su llamado. Se estaba convirtiendo en hombre con toda rapidez. Estaba viviendo muy pronto aquello para lo cual había venido a la tierra. En el fondo, les estaba diciendo a María y José: «¿De qué se sorprenden? ¿Por qué me han andado buscando por otras partes? ¿Acaso no saben que yo nací para esto? Esto es lo que yo soy; esto es lo que yo hago. ¿Les sorprende tanto?»

Había un sentido de destino en este jovencito de doce años. Es un equilibrio interior que cada vez es más difícil de encontrar entre los niños y los hombres de nuestra cultura. En estos días, los hombres «se defienden solos». Van a la deriva. Algunas veces me imagino lo que es un barco sin proa, sin popa, sin timón y —peor aun— sin *quilla*. Me imagino a los hombres con un simple remo en el agua, remando a un lado y al otro. Dando vueltas y vueltas solemnemente. No yendo a ninguna parte y despreciando cada instante de ese viaje sin fruto.

¿Dónde hay que acudir para hallar la quilla de la hombría? ¿Dónde acudimos para hallar el timón con el cual podamos guiar nuestra masculinidad? ¿Dónde hallar el cenit, la manifestación máxima de la hombría?

Existen toda clase de modelos falsos. ¿Dónde se halla el real? Le sugiero lo que ya debería ser obvio. Jesucristo es el ejemplar máximo de Hombre. La hombría al máximo. El Modelo perfecto. El Héroe completo.

¿Por qué cuando alguien dice «Describa el arquetipo de varón», la imagen que nos viene a la mente *no es* la de Jesús? ¿Por qué sucede esto? Tengo que confesar que, durante años, la imagen que habría aparecido en mi mente no habría sido la de Jesús. No se me habría ocurrido. ¿Por qué? Creo que es porque hemos buscado nuestras imágenes de la hombría en todos los lugares donde no está. Hemos permitido que nuestra visión de Jesús quede truncada por Hollywood y por unos medios de difusión que, o bien lo odian y distorsionan, o no lo entienden en absoluto. Hemos desarrollado nuestras imágenes del Dios-hombre en medio de las tinieblas de aquellos a quienes no les interesa y no están informados.

Hasta el «retrato» más famoso de Jesús le da más el aspecto de un delicado modelo del champú Breck, que de un hombre. ¿No es así? Sus ojos no lo miran a usted. Tiene el rostro fino y distante. Su largo cabello es ondulado y feminoide.

¡Ese no es el Jesús de la Biblia! De alguna forma hemos permitido que lo pinten como el «delicado Jesús, manso y tierno», o «el pálido galileo». Él es mucho más que esas imágenes. Es muy real. Eternamente esencial. Y si he leído correctamente la Biblia, plenamente humano.

Mi imagen visual de la masculinidad de Cristo cambió para siempre cuando visité Israel por vez primera, hace ya casi treinta años. Los anuncios del champú Breck cayeron de mi pantalla mental cuando salimos del avión para encontrarnos con David (se pronuncia en hebreo como en español: David), el conductor de nuestro grupo. Lo observé durante nueve semanas. Era un judío de veinticinco años, en la flor de su edad, *sabra* nacido en Israel. *Sabra* es el término del hebreo moderno que identifica a un cacto espinoso: rudo en el exterior, pero tierno y dulce en su interior. La piel de David era oscura. Oscura por pigmento y oscura por el bronceado que le daba el sol. Tenía el cabello negro, medianamente largo y algo ondulado. Le caía naturalmente de la cabeza, y lo tenía pegado a la frente en el calor de la tarde.

Más que ninguna otra cosa, observé sus ojos. Muy oscuros. Algunas veces, tan oscuros como el acero negro; otras, suaves, con una sonrisa en los bordes. Unos ojos penetrantes. Bondadosos. Inteligentes. Repletos de vida. David era tan serio y tan divertido al mismo tiempo, que nos atraía de manera irresistible. Le acababan de dar de alta del hospital, donde había estado convaleciente de las heridas que sufrió en la guerra del Yom Kippur. Nunca olvidaré la imagen que presentó la primera vez que se presentó ante nosotros... vestido con unos caquis impecables, con los brazos cruzados, las piernas separadas y una sonrisa de bienvenida. Enamorado de la vida, enamorado de su familia, y enamorado de su pueblo y su nación.

Cuando nos conocimos mejor, mi mente viajó hasta otro David que había vivido tres mil años antes, y pertenecía al mismo «pozo genético». Aquel David había sido un gran guerrero; el hombre hebreo completo de sus tiempos. Enamorado de la vida, de su familia, de su nación y de su Dios. A partir de ese David, no era muy grande el salto mental hasta mil años después, al mayor de los Hijos de David, Jesús de Nazaret, el Rey, Guerrero, Mentor y Amigo máximo.

Tres hombres, los tres del mismo origen, los tres procedentes del mismo pueblo del pacto. Sin tratar de ajustar conscientemente la imagen mental, me hallé pensando de manera distinta acerca de Jesús. El pálido galileo de las muñecas débiles se desvaneció como un mal sueño, mientras el Hijo de Dios risueño y de tez oscura se apoderó de mi imagen mental. El mayor de los *sabras*. El verdadero Guerrero Amoroso.

EL CORAZÓN DE LA HOMBRÍA DE JESÚS: SU RAZÓN DE SER

Jesús tenía sentido de su propia razón de ser. Claridad de visión. Fuerza en su dirección.

Los hombres de hoy andan en busca de algo. Eso es evidente. Pero toda la búsqueda del mundo no sirve de nada, si no se busca donde se debe. Es notable la ausencia en tantos hombres de hoy, de ese fuerte y motivador sentido de su propia razón de ser. No hay visión que riele en el horizonte. No hay montañas que llamen desde la purpúrea distancia. No hay convicciones de acero que centelleen ante los ojos. Solo hay confusión y neblina... una suave neblina de palabras a las que les faltan dirección y resolución.

Lo que marca todos los aspectos de la vida de Jesús es un sentido impulsor de causa. «*Este soy yo, esto* es lo que hago, *este* el lugar donde voy... *y, ¿por qué no vienes tú también?*»

Él era un hombre con una misión. Eso es lo que arrastraba en pos de Él a aquellos hombres fuertes. Es lo que los persuadía en un instante para que soltaran sus redes, su martillo, su libro de contabilidad o lo que tuvieran entre manos, y lo siguieran. De repente, todo lo que los había preocupado parecía pálido, sin vida y ligeramente irrelevante. El Hombre que los llamaba era la Realidad ardiente. Una Gran Luz. ¿Qué podían hacer, sino seguirlo?

El hombre verdadero sabe dónde va.

El doctor Lucas nos ofrece esta reveladora instantánea en el capítulo 9 de su evangelio: «Cuando se cumplió el tiempo en que él había de ser recibido arriba, afirmó su rostro para ir a Jerusalén... Su aspecto era como de ir a Jerusalén» (vv. 51, 53).

Afirmó su rostro. Fijó la vista. Iba a un lugar determinado. Poseía un propósito inconmovible. Afirmó su rostro para ir a Jerusalén, sabiendo muy bien lo que le esperaba allí: el odio, el ridículo, las torturas; el inenarrable pecado y la rebelión del mundo entero de todos los tiempos, que serían escritos con fuego en su ser. Mucho más negros que todas aquellas sombras, eran el rechazo y la ira ardiente de su propio Padre, que le esperaban. Pero ni siquiera estas perspectivas hicieron más lento su caminar o más débil su decisión. Estaba dispuesto a pagar el precio máximo, porque era un hombre con una misión.

En Juan 19:30 vemos la última y cegadora llama de esta ardiente firmeza. Esta vez, el Dios-hombre estaba colgado de una cruz. A los que le rodeaban, les parecía una víctima. Pero Él no tenía nada de víctima. Sumergido como estaba en un mar de angustia y horror, estaba tan alerta a los detalles mínimos de las Escrituras, que les susurró «Tengo sed» a los soldados que lo miraban desde abajo (vea el versículo 28). Llegó el vinagre hasta sus secos labios y, una vez hecho esto, después de haber hecho cuanto tenía que hacer, gritó con gran voz: «¡Consumado es!»

No fue un gemido. No fue un suspiro de resignación. Fue un grito de triunfo que sacudió el cosmos, desde las mazmorras del infierno hasta la corona de Alfa Centauri.

«*¡Ya está!*»

Y así fue. La misión estaba terminada. Había realizado aquello que había venido a hacer. Había terminado los negocios de su Padre. Unas cuantas horas antes, adelantándose a este momento, había levantado los ojos al cielo para decir: «He acabado la obra que me diste que hiciese» (vea Juan 17:4).

Ese es el corazón mismo de lo que hace a un hombre. Ese sentido resonante de destino. Ese reto a vencer que atrapa el alma. Vencer por una causa.

Verá. Cada hombre fue hecho para una causa. El hombre fue hecho para algo que se halla fuera de sí mismo. Para algo que se halla más allá de él. Por eso tantos de nosotros obtenemos un sentido desproporcionado de realización de nuestro trabajo, por común y corriente que sea. Y por eso hay tantos hombres recién jubilados que de repente encuentran la vida vacía y sin sabor. A lo largo de todos sus años, han unido por completo su identidad masculina a la Compañía Maderera Wedgwood, al Banco Nacional de

Pushpenny, o al Consorcio Widget del Oeste. Entonces, cuando han trabajado sus treinta o cuarenta años, y les han regalado su reloj de oro, ya todo está hecho. Su trabajo ha terminado, y con él su razón de vivir. ¿Qué queda por hacer, sino guardar el reloj en la gaveta de arriba de la cómoda, tirarse en la cama, levantar las piernas y morirse?

¡Qué gran prostitución de la imagen de Dios en el hombre! ¡Qué tragedia tan innecesaria! Porque la causa de Cristo *nunca* muere. Nunca disminuye su llamado sobre la vida de un hombre. Nunca cesa de palpitar con urgencia, mientras el tiempo corre su breve carrera hacia la eternidad.

Esa causa es eterna. El Reino está allí fuera. Las obras del Reino esperan a que alguien las haga con el poder prestado por el Todopoderoso. Si usted y yo seguimos tratando de identificar nuestra razón de ser en la vida con alguna profesión de trabajos diarios, o algún trabajo de nueve a cinco, estaremos perdiéndonos el derecho al corazón de la verdadera masculinidad. *No es de extrañarse* que tantos de nosotros nos sintamos frustrados en nuestra carrera y nos hallemos al borde del precipicio de las crisis de la vida. *No es de extrañarse* que nos sintamos entumecidos a veces por el aplastador vacío de todo lo que nos rodea. Estamos buscando una razón de ser; fuimos hechos por una razón, y nuestros insignificantes trabajos no son lo suficientemente *grandes* para aplacar esa sed.

Al fin y al cabo, ¿qué ve cuando mira ese vehículo que es el cuerpo físico de un hombre? ¿Para qué fue hecho? Analícelo. En cambio, ¿para qué le dice el cuerpo de una mujer que fue hecha ella? Cada veintiocho días, más o menos, su cuerpo le recuerda que fue hecha para dar vida. Sus pechos le recuerdan que fue hecha para alimentar vida. ¿Qué le dice el cuerpo de un hombre?

¡Nada! ¿Por qué? Porque la razón de ser del hombre se encuentra lejos, en el horizonte. El hombre fue hecho para ser el proveedor, el explorador de las carretas, allí, al frente, mirando hacia delante. Su razón de ser no se halla dentro de él.

Debemos hallar esa razón de ser fuera de nosotros mismos. La debemos hallar en Él.

Tanto usted como yo, que somos hombres, necesitamos apoderarnos de esa misma claridad de visión que distinguió tanto la vida de Cristo. Necesitamos entregarnos por nuestra esposa, y por *la Esposa*, tal como Él lo hizo. Para que la familia tenga salud. Para que el pueblo viva bien. Para que esta nación pueda seguir experimentando su favor, y siendo la tierra de los libres.

Por ahí hay unos cuantos pequeñuelos que necesitan grandes «bompas». Hay algunas mujeres que necesitan unos proveedores de visión clara; hombres que se enfrenten a lo peor que les pueda mandar el infierno, y permanecer, permanecer y permanecer.

Hay todo un mundo que necesita unos cuantos guerreros tiernos. Es la razón de ser de todo hombre... el sueño de toda mujer... y la esperanza de todo niño. Es la definición de lo que es ser hombre. Yo quiero de todo corazón emprender ese camino. Pero necesito unos cuantos camaradas comandos que caminen conmigo. ¿Quiere venir? Vamos a caminar juntos.

Tómeselo en serio

Todo hombre fue hecho con una razón de ser que está más allá de él mismo. Cuando nos entregamos de manera irrevocable al máximo Guerrero tierno, hallamos la visión, la razón de ser y la dirección necesarias para sostenernos durante toda una vida. Busque a Cristo y sígalo.

Tómalo en serio

1

A lo largo del camino, todos vamos a encontrarnos en situaciones que nos van a sacudir hasta el centro mismo de nuestro ser, y van a hacer que pensemos en las cuestiones críticas de la vida. ¿Por qué esperar a que las circunstancias nos aplasten? *Éste* es el momento para despertar y buscar la ayuda, sabiduría y orientación de Dios.

2

Dios espera del varón que sea el proveedor, en el sentido más completo de la palabra... Un líder con los ojos fijos en el horizonte, anticipándose a los peligros, olfateando en el viento la esperanza e inspirando a sus seres amados a seguirle.

3

La verdadera medida de un hombre no está en su poder físico, la habilidad de sus manos, la agudeza de su ingenio, o su capacidad para amontonar posesiones. Lo cierto es que el valor de la masculinidad donde se ve mejor es en su disposición a hacer y cumplir promesas, aunque todo el infierno se le oponga.

4

Ya sea en un campo de fútbol, en la zona de batalla o bajo el techo de su propio hogar, es la disposición del hombre a manifestar afecto e interés —a *conectarse*— la que lo señala como líder... y como hombre de Dios.

5

Dios ha puesto a los esposos y padres *en* autoridad en su propio hogar, pero también los ha puesto *bajo* la autoridad de Jesucristo. Mientras no nos sometamos a su señorío e imitemos el modelo de su servidumbre sacrificada, no nos podremos ganar el respeto necesario para ser líderes.

6

¿Qué puede un hombre aprender de una mujer? Que *juntos* es mejor, y que la senda de la fortaleza no se encuentra en el aislamiento y la soledad.

7

La paternidad es el corazón mismo de la masculinidad. Nunca somos más fuertes, que cuando nos asimos de la mano de aquellos que buscan fortaleza en nosotros.

8

Todo guerrero tiene hendiduras en su armadura. Cuando admitimos nuestros puntos vulnerables ante un amigo de confianza, nos estamos consiguiendo protección y esperanza; un escudo en los días en que caigan las tinieblas y vuelen las saetas.

9

Todo hombre fue hecho con una razón de ser que está más allá de él mismo. Cuando nos entregamos de manera irrevocable al máximo Guerrero tierno, hallamos la visión, la razón de ser y la dirección necesarias para sostenernos durante toda una vida. Busque a Cristo y sígalo.

NOTAS

1. Lewis Smedes, «The Power of Promising», *Christianity Today*, 21 de enero de 1983, pp. 16-17.

2. De Stu: «He visto esta afirmación de Vince Lombardi en escritorios, paredes de oficinas y papeles en billeteras, pero nunca he podido hallar su fuente original».

3. Dra. Joyce Brothers, *What Every Woman Should Know about Men* (Nueva York: Simon and Schuster, 1981), pp. 11-13.

4. Keith Meyering en una entrevista para «The Small Group Letter», *Discipleship Journal* 49 (1989), p. 41.

5. Citado por Dave Simmons en *Dad, the Family Coach* (Wheaton, Ill.: Victor Books, 1990), p. 31.

6. Michael E. McGill, *The McGill Report on Male Intimacy* (Nueva York: Holt, Rinehart and Winston, 1985), pp. 157-158.

7. Patrick Morley, *The Man in the Mirror* (Brentwood: Wolgemuth & Hyatt, 1989), p. 117.

8. Joseph M. Stowell, «The Making of a Man», *Moody Monthly*, mayo de 1992, p. 4.